Arend Remmers • Das Alte Testament im Überblick

AREND REMMERS

DAS ALTE TESTAMENT IM ÜBERBLICK

CSV

Christliche Schriftenverbreitung
Postfach 10 01 53, 42490 Hückeswagen

Die Bibelstellen werden nach der im R. Brockhaus Verlag, Wuppertal, erschienenen „Elberfelder Übersetzung“ in nicht revidierter Fassung angeführt.

2., erweiterte und überarbeitete Auflage
Umschlaggestaltung und Karten: Eberhard Platte
Umschlagfoto: laenderpress
Satz: Christliche Schriftenverbreitung, Hückeswagen
Druck: F. & W. Brockhaus, Dillenburg

ISBN 3-89287-175-2

Inhaltsverzeichnis

Die Bücher der Bibel 7

1. Das Alte Testament 7
2. Das Neue Testament 9
3. Die Apokryphen und Pseudepigraphen 10

Der Text der Heiligen Schrift 12

1. Der Kanon der Bibel 12
2. Die Überlieferung der Bibel 13
3. Die Inspiration der Bibel 15
4. Das Verstehen der Bibel 18

Die Bibel und die Schreibkunst 19

1. Bilder- und Keilschriften 19
2. Das Alphabet 20
3. Schreibkunst und Bibel 22

Vom Sinn und Wert des Alten Testaments 23

1. Das Alte Testament ist Heilige Schrift 23
2. Das Alte Testament als Geschichtsbuch 24
3. Das Alte Testament als „Bilderbuch" 25
4. Das Alte Testament als Zeugnis von Christus 27

Zur Chronologie des Alten Testamentes 31

Chronologie der 5 Bücher Mose 38

Das 1. Buch Mose (Genesis) 38
Das 2. Buch Mose (Exodus) 47
Das 3. Buch Mose (Leviticus) 52
Das 4. Buch Mose (Numeri) 57
Das 5. Buch Mose (Deuteronomium) 62
Das Buch Josua 66
Das Buch der Richter 72
Das Buch Ruth 76
Das 1. und 2. Buch Samuel 79
Das 1. und 2. Buch der Könige 86
Das 1. und 2. Buch der Chronika 94
Das Buch Esra 99
Das Buch Nehemia 105
Das Buch Esther 108

Das Buch Hiob 111
Das Buch der Psalmen (Der Psalter) 116
Das Buch der Sprüche 127
Der Prediger 132
Das Lied der Lieder (Das Hohelied) 136

Die prophetischen Bücher des AT 141

Wann wirkten die Propheten des AT? 142

Der Prophet Jesaja 144
Der Prophet Jeremia 152
Die Klagelieder 160
Der Prophet Hesekiel 163
Der Prophet Daniel 168
Der Prophet Hosea 175
Der Prophet Joel 179
Der Prophet Amos 182
Der Prophet Obadja 185
Der Prophet Jona 188
Der Prophet Micha 192
Der Prophet Nahum 196
Der Prophet Habakuk 199
Der Prophet Zephanja 203
Der Prophet Haggai 207
Der Prophet Sacharja 210
Der Prophet Maleachi 214
Stichwortverzeichnis 217

Abbildungsverzeichnis

Der Stein von Rosette 11
Die Entwicklung des Alphabets 21
Der vordere Orient zur Zeit der Erzväter 37
Die vierzigjährige Wüstenwanderung Israels 46
Das Zelt der Zusammenkunft (Die Stiftshütte) 51
Die Ordnung des Lagers Israels in der Wüste (4. Mose 2-3) ..56
Die Wohnsitze der zwölf Stämme Israels in Kanaan 71
Der Denkstein des Königs Mesa von Moab (Moabiterstein) ..85
Das geteilte Königreich (Israel und Juda) 93
Die Jesaja-Rolle vom Toten Meer 143

Die Bücher der Bibel

1. Das Alte Testament

Die Sprache, in der das AT geschrieben wurde, ist das Hebräische, das wie das Arabische zur semitischen Sprachfamilie gehört. Kleinere Abschnitte des AT sind aramäisch geschrieben (Esra 4, 8 – 6, 18; 7, 12–26; Dan 2, 4 – 7, 28). Aramäisch ist dem Hebräischen eng verwandt und ursprünglich in Syrien beheimatet. Es breitete sich jedoch über den ganzen Vorderen Orient aus und wurde bereits in assyrischer Zeit zu einer internationalen Sprache. Als „Reichsaramäisch" wurde es zur offiziellen Sprache des westlichen Perserreiches gemacht und nach der Babylonischen Gefangenschaft die Umgangssprache der Juden.

Das hebräische AT, die heilige Schrift der Israeliten, umfaßt die gleichen Bücher wie unser heutiges AT. Die Reihenfolge der einzelnen Bücher ist allerdings eine andere. Das hebräische AT wird in drei Teile eingeteilt (vgl. Lk 24, 44b).

a) Das Gesetz (hebr. *Thora*)

Das Gesetz umfaßt die 5 Bücher Mose, die seit der griechischen Übersetzung der Septuaginta (um 220 v. Chr.) vielfach die folgenden griechisch-lateinischen Bezeichnungen tragen:

Genesis	(Entstehung, Werden)
Exodus	(Auszug)
Leviticus	(Leviten-Buch)
Numeri	(Zahlen, Zählung)
Deuteronomium	(zweites Gesetz)

Die hebräischen Bezeichnungen für die 5 Bücher Mose sind jeweils von den ersten Worten der einzelnen Bücher abgeleitet.

b) Die Propheten (hebr. *Nebiim*)

Diese umfassen in der hebräischen Bibel mehr als die reinen Prophetenbücher und sind in zwei Gruppen gegliedert:

– die früheren Propheten (*Nebiim rischonim*):
Josua
Richter
1. u. 2. Samuel
1. u. 2. Könige

– die späteren Propheten (*Nebiim acharonium*)

Jesaja	Amos	Habakuk
Jeremia	Obadja	Zephanja
Hesekiel	Jona	Haggai
Hosea	Micha	Sacharja
Joel	Nahum	Maleachi

c) Die Schriften (hebr. *Ketubim*)

Psalmen
Hiob
Sprüche
Ruth
Lied der Lieder
Prediger
Klagelieder
Esther
Daniel
Esra
Nehemia
1. u. 2. Chronika

(Ruth, Lied der Lieder, Prediger, Klagelieder, Esther:) Diese 5 Bücher werden unter dem hebräischen Namen Megilloth („Rollen") zusammengefaßt. Sie werden zu den jüdischen Festen Pfingsten, Passah, Laubhütten, Tempelzerstörung und Purim vorgelesen.

In den heutigen vollständigen Bibelausgaben gilt die folgende Einteilung:
a) 17 Geschichtsbücher: 1. Mose bis Esther
b) 5 Lehrbücher oder poetische Bücher: Hiob bis Hohelied
c) 17 prophetische Bücher: Jesaja bis Maleachi.

2. Das Neue Testament

Das Neue Testament ist ursprünglich zweifellos in allen seinen Teilen griechisch geschrieben worden. Dabei handelt es sich um eine besondere Ausprägung der griechischen Sprache, die sogenannte Koine („die Allgemeine"), die zur Zeit der Abfassung der neutestamentlichen Schriften in der zweiten Hälfte des 1. Jh. n. Chr. Handels- und Umgangssprache in weiten Gebieten des Mittelmeerraumes war und daher viel besser als das Aramäische, die Sprache der Juden und des Herrn Jesus, zur Verbreitung des Evangeliums geeignet war (Mt 28, 19; Mk 16, 15; Apg 22, 21). Die Reihenfolge der Bibelbücher kann nicht als inspiriert betrachtet werden. Es hat daher im Laufe der fast 2000jährigen Geschichte des NT verschiedene Anordnungen der Bücher gegeben. Heute hat sich allgemein die nachstehende Reihenfolge international durchgesetzt:

– die Evangelien:	Matthäus, Markus, Lukas und Johannes
– die Apostelgeschichte	
– die Paulus-Briefe:	Römer, 1. u. 2. Korinther, Galater, Epheser, Philipper, Kolosser, 1. u. 2. Thessalonicher, 1. u. 2. Timotheus, Titus, Philemon, Hebräer
– die katholischen (d. h. „allgemeinen") Briefe:	Jakobus, 1. u. 2. Petrus, 1. – 3. Johannes, Judas
– die Offenbarung	

Die bekannteste Ausnahme von dieser Reihenfolge stellt im deutschen Sprachraum die Lutherbibel dar, in der seit jeher die Briefe des Petrus und Johannes zwischen dem Philemon- und dem Hebräerbrief eingeschaltet sind.

3. Die Apokryphen und Pseudepigraphen

Das Wort „apokryph" bedeutet: verborgen, geheim, unklar. In den letzten vorchristlichen Jahrhunderten entstanden zusätzlich zu den inzwischen von den Juden als kanonisch anerkannten Büchern des AT eine Reihe weiterer religiöser Schriften: Judith, Weisheit Salomos, Tobias, Jesus Sirach, Baruch, 1. u. 2. Makkabäer, Stücke zu Esther und Stücke zu Daniel. Diese Bücher waren aber nie Bestandteile der hebräischen Bibel. Sie tauchten erstmals in der Septuaginta, der griechischen Übersetzung des AT auf. Von dort wurden sie in die lateinische Übersetzung der Bibel von Hieronymus (Vulgata, um 400 n. Chr.) übernommen. Sie gehören daher auch zum festen Text der katholischen Bibel.

Abgesehen von manchen geschichtlichen Unrichtigkeiten ist das gesamte Niveau dieser Schriften mit dem der kanonischen Schriften nicht zu vergleichen. Mit Recht ist darauf hingewiesen worden, daß der Ausspruch: „So spricht Jehova" o. ä., der in den Schriften des AT über 3800mal vorkommt, in den Apokryphen kein einziges Mal gebraucht wird. Von den Rabbinern Palästinas wurden die Apokryphen, deren Herkunft im Dunkeln liegt (evtl. Ägypten oder Syrien?), schon im Altertum nicht als Gotteswort anerkannt.

Im Anhang der Vulgata erscheinen noch weitere Texte, die als pseudepigraphisch (das heißt unter falschem Namen geschrieben) bezeichnet werden: das Gebet Manasses, 3. u. 4. Esra, Psalm 151 und der Laodizäer-Brief.

Auch dem NT wurden schon früh eine Reihe von Apokryphen hinzugefügt. Sie stammen fast alle aus dem 2. Jh. n. Chr. Es handelt sich dabei um eine Fülle teils märchenhafter Schriften über den Herrn Jesus und die Apostel sowie um gefälschte Briefe von Aposteln und anderen biblischen Personen, die deutlich offenbaren, daß es sich um menschliche Machwerke handelt. Von einigen werden auch die Schriften der sogenannten „Apostolischen Väter" dazugezählt; die bekanntesten dieser nachapostolischen Schriften sind: der Klemensbrief, der Barnabasbrief, die Apostellehre (Didache) und der Hirte des Hermas.

Der Stein von Rosette (196 v. Chr.)

Anhand dieses 1799 in Ägypten gefundenen Steines, der eine Inschrift zu Ehren des Königs Ptolemäus V. in Hieroglyphen, in demotischer Schrift und in griechischer Sprache enthält, gelang es dem Franzosen Champollion 1831, die Hieroglyphen zu entziffern. (© Britisches Museum, London)

Der Text der Heiligen Schrift

1. Der Kanon der Bibel

Das Wort Kanon bedeutet ursprünglich „Richtschnur“ und wurde seit dem 4. Jh. vom Inhalt derjenigen heiligen Schriften, die für den gläubigen Christen bindend waren, auf die Schriften selbst übertragen. Das Wort Kanon bezeichnet heute die Sammlung der von Gottes Geist inspirierten Schriften, die nach Abweisung der als apokryph oder pseudepigraphisch geltenden Zusätze allgemeine Anerkennung gefunden hat. Diese Sammlung hat nun ihre eigene Geschichte, die allein schon dadurch bedingt ist, daß die Schriften der Bibel über einen Zeitraum von ca. 1600 Jahren entstanden sind. Bei der Bildung des alttestamentlichen Kanons wird von alters her dem Schriftgelehrten Esra eine wesentliche Rolle als Werkzeug Gottes zur Sammlung und Bewahrung der heiligen Schriften zugeschrieben. Es steht fest, daß der alttestamentliche Kanon im 3. bis 2. Jh. v. Chr. bereits abgeschlossen vorlag und in der uns bekannten Form von den Rabbinern Palästinas im 1. Jh. n. Chr. bestätigt wurde.

Auch der Kanon des NT hat sich im Laufe vieler Jahrzehnte entwickelt und gebildet. Von Anfang an wurden die Evangelien, die Apostelgeschichte, die Briefe und die Offenbarung als inspirierte heilige Schriften betrachtet und geachtet. Wie bei den Schreibern wirkte der Heilige Geist auch bei den Empfängern und Lesern: was die einen unter Seiner Leitung schrieben, anerkannten die anderen unter dem gleichen göttlichen Einfluß. Da damals diese heiligen Schriften jedoch alle mit der Hand abgeschrieben werden mußten, waren sie nicht von Anfang an bei allen Christen in allen Ländern und an allen Orten gleichermaßen verbreitet. Aber schon in der Mitte des 2. Jh. berichtet zum Beispiel Justin, der Märtyrer (ca. 100 – 165), daß die Evangelien und die Schriften der Apostel zusammen mit den alttestamentlichen Büchern der Propheten an jedem Sonntag in den Zusammenkünften der Christen gelesen wurden. Das sogenannte Muratorische Fragment, auch „Kanon Muratori“ genannt, eine leider nur teilweise erhaltene Aufstellung der neutestamentlichen Bücher aus dem Ende des 2.Jh., enthält die vier Evangelien, die dreizehn Briefe des Paulus, die Apostelgeschichte, die Briefe des Johannes, Judas und die Offenbarung, außerdem zwei nichtkanonische Schriften. Besonders durch das Auftreten des Gnostizismus und seiner vielen Schriften mit falschen Lehren waren die Christen genötigt, eindeutig festzuhalten, welche Schriften sie als Gottes Wort empfangen hatten. Erstmalig bei dem Kirchenvater Athanasius (ca. 296–373) findet sich ein vollständiges Verzeichnis aller neutestamentlichen Schriften, die dann auf den Synoden zu Hippo (im Jahre 393) und Karthago (397 u. 419) von der Westkirche als Heilige Schrift anerkannt wurden.

2. Die Überlieferung der Bibel

Bis zur Erfindung der Buchdruckerkunst im 15. Jh. war das Abschreiben die einzige Möglichkeit zur Vervielfältigung eines Textes. Bei den Ägyptern, den Sumerern und den Babyloniern war die Schreibkunst schon im 3. Jahrtausend v. Chr. bekannt. Von dieser Seite gibt es daher kein Argument gegen die frühe Abfassung der ältesten Teile der Bibel. Mit großer Sorgfalt wurden diese von Gottes Geist inspirierten Schriften immer wieder abgeschrieben und so von Generation zu Generation überliefert.

Die Ehrfurcht vor dem heiligen Text des Wortes Gottes führte bei den Juden im Laufe der Zeit dazu, daß beim korrekten „Kopieren" eine Vielzahl von Regeln zu beachten war. So wurden zum Beispiel einzelne Buchstaben, das Vorkommen bestimmter Wörter usw. gezählt und immer wieder nachgeprüft. Dadurch wurde der Wortlaut des AT, dessen älteste Teile vor nahezu 3500 Jahren entstanden, bis in unsere Zeit getreu überliefert und bewahrt. Die über 3000 bekannten alten Handschriften der hebräischen Bibel (und der alten Übersetzungen in andere Sprachen) stimmen in bewunderungswürdiger Weise überein.

Vom NT sind heute über 5000 Handschriften und Bruchstücke in griechischer Sprache erhalten, das heißt in der Sprache der nicht mehr vorhandenen Originalurkunden. Darüber hinaus gibt es eine Vielzahl von alten Übersetzungen ins Syrische, Koptische und

Lateinische (besonders die Vulgata) usw. Die älteste Übersetzung in eine germanische Sprache ist die gotische Bibel des Bischofs Wulfila aus dem 4. Jh.

Der Wunsch vieler Christen, möglichst viele Bücher des NT zu besitzen, und die schnelle Verbreitung des christlichen Glaubens in Asien und Europa hatte zur Folge, daß eine Vielzahl von Abschriften und Übersetzungen entstand. Dadurch wurde auch der Text des NT sicher überliefert. Die Vielfalt der neutestamentlichen Handschriften, die nicht alle von gleich guter textlicher Qualität sind, und die dadurch gegebenen Vergleichsmöglichkeiten haben durch intensive Erforschung zu einer praktisch hundertprozentigen Erstellung und Bestätigung des Urtextes geführt. Keine einzige Textvariante stellt die Wahrheit der Botschaft Gottes im NT in Zweifel.

Wenn man bedenkt, daß bei den Christenverfolgungen der römischen Kaiser (in deren Herrschaftsgebiet sich das Christentum ja zunächst ausbreitete) auch immer wieder die Bibeln vernichtet werden sollten, versteht man, welch ein Wunder es ist, daß die Bibel alle diese Angriffe unbeschadet überstanden hat. Sie ist das bei weitem am besten erhaltene Buch des Altertums. Von dem, ca. 50 v. Chr. geschriebenen, bekannten Werk „Der gallische Krieg" des römischen Feldherrn und Diktators Cäsar existieren heute etwa zehn Handschriften aus dem 9. – 10. Jh. n. Chr. Davon sind nur zwei oder drei von guter Qualität. Trotzdem würde kaum jemand die Echtheit dieses Buches anzweifeln, wie es im Blick auf die Bibel doch so oft geschieht.

Die Bibel ist eines der ältesten Bücher der Welt. Ihre Entstehungszeit umfaßt einen Zeitraum von ca. 1500 v. Chr. bis ca. 100 n. Chr. Sie ist das am meisten bekämpfte und doch am besten erhaltene Buch des Altertums. Sie ist das am schärfsten kritisierte und doch am weitesten verbreitete Buch der Welt.

3. Die Inspiration der Bibel

Die insgesamt 66 Bücher der Bibel (davon 39 im AT und 27 im NT) wurden von ungefähr 40 Personen geschrieben, die ihren Namen allerdings meistens nicht erwähnen. Die Schreiber entstammten den verschiedensten Zeiten, Kulturen, sozialen Schichten und Berufen. Nach dem Zeugnis der Heiligen Schrift wurde die Weissagung niemals durch den Willen des Menschen hervorgebracht, sondern die prophetischen Schreiber des AT waren heilige Männer Gottes, getrieben vom Heiligen Geiste (2. Pet 1, 21). Diese Propheten waren Menschen, die vor Gott standen und von Ihm ihre Weissagungen empfingen. Dann redeten und schrieben sie Gottes Wort unter der Führung Seines Geistes.

Für die Eingebung der Heiligen Schrift hat sich das Wort Inspiration eingebürgert, das „Einhauchung" bedeutet. Dieser Begriff ist jedoch nicht so zu verstehen, daß die glaubenden, heiligen Menschen, die das Wort Gottes niederschrieben, nur von einem übernatürlichen Drängen erfüllt gewesen wären. Dann wären zwar die Personen „inspiriert" gewesen, aber für das Geschriebene wären sie doch allein verantwortlich. Eine göttliche Autorität könnte solchen Darstellungen nicht innewohnen.

Die Bibel sagt: „Alle Schrift ist von Gott eingegeben" (2. Tim 3, 16). Anstatt „von Gott eingegeben" könnte man auch übersetzen: „gottgehaucht" oder: „von Gottes Geist eingegeben". Alle Schrift, das heißt die Bibel als Ganzes, enthält also das, was Gott nach Seinem Willen und nach Seinen Gedanken für die Menschen niederschreiben lassen wollte. Der Geist Gottes erfüllte die Schreiber, aber Er gab ihnen auch ein, was sie schreiben sollten.

Oft wird eingewendet, daß hieraus nicht abgeleitet werden könne, die ganze Bibel sei Gottes vollkommenes und unfehlbares Wort. Die Unkenntnis der Schreiber, ihr falsches „Weltbild" usw. seien in das Geschriebene eben mit eingeflossen. Sehr vieles sei heute wissenschaftlich unhaltbar, fehlerhaft und daher unglaubwürdig. Nur wenn man diese menschlichen Elemente beseitige, gelange man zu dem, was wahrhaft Gottes Wort sei und die

Autorität der „Inspiration“ besitze. Bei dieser Argumentation macht man jedoch den menschlichen Verstand zum Beurteiler und Richter über das Wort Gottes. Demgegenüber steht die folgende Aussage der Bibel selbst: „Das Wort Gottes ist lebendig und wirksam und schärfer als jedes zweischneidige Schwert, und durchdringend bis zur Scheidung von Seele und Geist, sowohl der Gelenke als auch des Markes, und ein Beurteiler der Gedanken und Gesinnungen des Herzens; und kein Geschöpf ist vor ihm unsichtbar, sondern alles bloß und aufgedeckt vor den Augen dessen, mit dem wir es zu tun haben“ (Heb 4, 12–13).

Nach anderer Auffassung gibt es jedoch keinen Unterschied zwischen inspirierten und nichtinspirierten Teilen der Bibel. Demnach enthalte die Bibel Berichte früherer Offenbarungen Gottes an die Menschen in ihren damaligen Umständen. Wenn nun der moderne Mensch in einer ähnlichen Lage die Bibel liest, wird sie dadurch zum Wort Gottes an ihn, daß sie ihn in seiner Situation persönlich anspricht. So soll der Mensch beim Lesen der an sich unvollkommenen Bibel in seinem Glaubenserleben die Stimme Gottes erkennen. In diesem Fall macht der Mensch jedoch seinen Gemüts- oder Seelenzustand zum Richter darüber, was Gottes Wort ist oder nicht.

Die Bibel gibt jedoch auf diese menschlichen Einwände und Einschränkungen eine klare Antwort. Als der Apostel Paulus seinen ersten Brief an die Korinther schrieb, erinnerte er sie daran, daß er ihnen das Evangelium nicht nach „Vortrefflichkeit der Rede oder Weisheit“ verkündigt hatte. Seine Rede und seine Predigt war nicht in überredenden Worten der Weisheit, sondern in Erweisung des Geistes und der Kraft, damit ihr Glaube nicht auf Menschenweisheit beruhe, sondern auf Gottes Kraft (1. Kor 2, 1–5). Paulus fährt dann fort, daß die Dinge, die er verkündete, bis dahin ein göttliches Geheimnis gewesen seien. Niemand hatte jemals gesehen, gehört oder erdacht, was Gott in Seiner Weisheit geplant und jetzt offenbart hatte. Nur der Heilige Geist, der selbst Gott ist, konnte diese ewigen, göttlichen Dinge offenbaren, aber Er allein konnte auch den Glaubenden Verständnis für diese Dinge schenken. Sodann macht Paulus eine äußerst wichtige Aussage: „(Die Dinge,) welche wir auch verkündigen, nicht in Worten, gelehrt durch menschliche Weisheit, sondern in Worten, gelehrt durch den Geist“ (1. Kor 2, 13). Hier spricht Paulus ganz klar aus, daß der Heilige Geist den Dienern Gottes auch die Worte gab, die die Heilswahrheit des NT enthalten.

Wir können also drei wichtige biblische Tatsachen festhalten:

a) Die prophetischen Schreiber des AT waren *heilige Männer Gottes*, die vom Heiligen Geist getrieben wurden (2. Pet 1, 21). Auch Petrus selbst war mit dem Heiligen Geist erfüllt, ebenso wie Paulus (Apg 4, 8; 9, 17; 13, 9) Man geht gewiß nicht zu weit, wenn man hieraus den Schluß zieht, daß alle Schreiber der Bibel heilige Männer Gottes waren, die von dem Heiligen Geist getrieben wurden.

b) „*Alle Schrift* ist von Gott eingegeben“ (2. Tim 3, 16). Dieses Wort „Schrift“ (griech. *graphe*) kommt im NT mehr als fünfzigmal vor; immer ist damit ausschließlich das geschriebene Wort Gottes, das heißt das AT, gemeint. Zweimal wird jedoch auch auf das bereits im Entstehen begriffene NT Bezug genommen. Einmal führt Paulus eine Stelle aus 5. Mose 25, 4 und eine andere aus Lukas 10, 7 mit den Worten an: „Die Schrift sagt“, und einmal erwähnt Petrus die Schriften des Apostels Paulus, wobei er das AT die „übrigen Schriften“ nennt (2. Pet 3, 16). Die Worte: „Alle Schrift ist von Gott eingegeben“ unterstreichen also den göttlichen Ursprung der ganzen Heiligen Schrift des AT und NT.

c) Nach 1. Korinther 2, 13 sind auch die *Worte* der Bibel vom Heiligen Geist inspiriert. Deshalb dürfen wir von einer wörtlichen Inspiration (oder Verbalinspiration) des Wortes Gottes sprechen. Die Bibel selbst legt Zeugnis davon ab, daß jedes Wort in ihr vom Geist Gottes eingegeben ist. Der Herr Jesus spricht sogar von den kleinsten Bestandteilen des Wortes, den kleinsten Buchstaben des griechischen und hebräischen Alphabets, wenn Er in Matthäus 5, 17–18 sagt: „Wähnet nicht, daß ich gekommen sei, das Gesetz oder die Propheten aufzulösen; ich bin nicht gekommen, aufzulösen, sondern zu erfüllen. Denn wahrlich, ich sage euch: bis der Himmel und die Erde vergehen, soll auch nicht ein Jota oder Strichlein von dem Gesetz vergehen, bis alles geschehen ist."

4. Das Verstehen der Bibel

In 1. Korinther 1, 18 schreibt der Apostel Paulus: „Denn das Wort vom Kreuz ist denen, die verloren gehen, Torheit; uns aber, die wir errettet werden, ist es Gottes Kraft." Noch deutlicher äußert er sich im zweiten Kapitel: „Der natürliche Mensch aber nimmt nicht an, was des Geistes Gottes ist, denn es ist ihm eine Torheit, und er kann es nicht erkennen, weil es geistlich beurteilt wird" (1. Kor 2, 14). Trotz aller seiner Begabungen und Fähigkeiten ist der Mensch von Natur aus unfähig, Gottes Wort wirklich zu verstehen.

Solange der Mensch denkt, es gebe keinen Gott, lautet Gottes Urteil über ihn: du Tor! – „Der Tor spricht in seinem Herzen: es ist kein Gott!" (Ps 14, 1; 53, 1). Deshalb ist der Mensch auch nicht fähig oder befugt, das Wort Gottes zu beurteilen. Es ist gerade umgekehrt. „Das Wort Gottes ist lebendig und wirksam und schärfer als jedes zweischneidige Schwert, und ein Beurteiler der Gedanken und Gesinnungen des Herzens; und kein Geschöpf ist vor ihm unsichtbar, sondern alles bloß und aufgedeckt vor den Augen dessen, mit dem wir es zu tun haben" (Heb 4, 12–13). Nur wer mit dieser Voraussetzung an das heilige Wort Gottes herangeht, wird bei seiner Lektüre wahren Segen erfahren.

Die Bibel und die Schreibkunst

1. Bilder- und Keilschriften

Bei Ausgrabungen im Zweistromland, dem heutigen Irak und Syrien, wurden seit dem 19. Jh. die ältesten erhaltenen Inschriften der Welt gefunden. Dort benutzten die Sumerer bereits seit ungefähr 3500 – 3000 v. Chr. eine Bilderschrift, die als die älteste Schrift der Welt bezeichnet werden kann.

Das gebräuchlichste Schreibmaterial waren Tontafeln. Da sich diese weichen Tafeln schlecht mit Ritzzeichen versehen ließen, entwickelte sich aus der Bilderschrift die Keilschrift, bei der die Zeichen mit einem keilförmig zugespitzten Stäbchen in den weichen Ton gedrückt wurden. Die Tafeln wurden durch Trocknen oder Brennen gehärtet. Während bei der ursprünglichen Bilderschrift jedes Zeichen einen Begriff darstellte, wurde die Keilschrift bereits eine Silbenschrift: jedes Zeichen stand für eine Silbe. Die Keilschrift wurde normalerweise von rechts nach links geschrieben.

Die Keilschrift fand im 3. – 2. Jahrtausend v. Chr. weite Verbreitung im Nahen Osten bei den Assyrern, den Babyloniern, den Hethitern (die jedoch auch eine eigene Bilderschrift besaßen) und den Elamitern. Auch die Perser schrieben in Keilschrift.

Um 3000 v. Chr. gab es in Ägypten bereits die Hieroglyphen („heilige Zeichen"), eine Bilderschrift, die sich besonders zum Eingraben in Stein eignete. Später entwickelten sich hieraus Schriften, die besser zum Beschreiben von Papyrus geeignet waren, die hieratische und die demotische Schrift (s. Abb. S. 11).

Im fernen Osten, in China, gab es seit der Shang-Dynastie (1700–1100 v. Chr.) ebenfalls eine Bilderschrift, die Vorläuferin der heutigen chinesischen Schrift. Neuere Funde scheinen darauf hinzudeuten, daß diese Schrift womöglich auch bereits vor 2500 v. Chr. entstanden ist.

Allen diesen Schriften war gemeinsam, daß sie aus Tausenden von Zeichen bestanden, die man kennen mußte, um schreiben zu können.

2. Das Alphabet

Erst in einer späteren Phase der Entwicklung der Schreibkunst entstand das Alphabet. Aus der Bilder- bzw. Wortschrift (bei der ein bestimmtes Zeichen für ein bestimmtes Wort stand) war eine Silbenschrift (die Keilschrift) entstanden, bei der jedes Zeichen nur noch einen Lautwert besaß, der sich von der ursprünglichen Bedeutung mehr oder weniger gelöst hatte.

Der nächste Schritt war dann die Entwicklung, besser gesagt, die geistreiche Erfindung des Alphabets. Diesen gewaltigen Schritt machten um 1500 v. Chr. die Phönizier, wahrscheinlich unter Benutzung ägyptischer Hieroglyphen. Beziehungen zu den kretischen Linear-Schriften und den sinaitischen Inschriften sowie möglicherweise noch weiteren Schriften sind dabei nicht auszuschließen, aber noch nicht abschließend geklärt. Neben Ugarit/Ras Schamra spielt die Stadt Byblos (ca. 30 km nördlich des heutigen Beirut) eine besondere Rolle: ihr Name wurde von den Griechen, die das Alphabet von den Phöniziern übernahmen, als Bezeichnung für die Papyrusrolle benutzt, die damals ein verbreitetes Schreibmaterial war. Das griechische Wort *biblos* lebt bis heute in unserem Wort Bibel weiter.

Bei dem Alphabet von 22 Buchstaben (bestehend aus Konsonanten und Halbkonsonanten, aber ohne Vokale) hatte das jeweilige Zeichen jetzt nicht mehr die Bedeutung einer Silbe oder eines ganzen Begriffes, wie bei den früheren Schriften. Die Zeichen hatten jetzt nur noch die Bedeutung von einzelnen Buchstaben. Z. B. bedeutete jetzt das Zeichen für „Haus“  nicht mehr BETH, sondern schlicht B, und das Zeichen für „Hand“  nicht mehr JAD, sondern I oder J. Dieses erste Alphabet fand durch die Handel treibenden Phönizier schnell Verbreitung im östlichen Mittelmeerraum und gelangte so nach Griechenland. Dort wurde es nach einigen Änderungen und Zusätzen (vor allem

	Hieroglyphen (± 3000)	Sinaitisch (± 1500)	Hebr. Bezeichnung u.Bedeutung	Phönizisch (±1000)	Hebräisch Quadratschrift	Griechisch Zeichen	Griechisch Name	Latein.
1.			Alef "Rind, Ochse"		א	A	Alpha	A
2.			Bet "Haus"		ב	B	Beta	B
3.	?		Gimel		ג	Γ	Gamma	C, G
4.	?		Dalet "Fisch","Tür"		ד	Δ	Delta	D
5.	?		He "Mann"		ה	E	Epsilon	E
6.		?	Waw "Haken"		ו	Y	Ypsilon	F, V, Y
7.			Zajin "Waffe"		ז	Z	Zeta	Z
8.	?		Chet		ח	H	Eta	H
9.	?	?	Tet	? ⊗	ט	θ	Theta	
10.		?	Jod "Hand"		י	I	Iota	I, J
11.			Kaf "geöffn.Hand"		כ	K	Kappa	K
12.	?		Lamed "Ochsenstachel"?		ל	Λ	Lambda	L
13.			Mem "Wasser"		מ	M	My	M
14.			Nun "Schlange" "Fisch"		נ	N	Ny	N
15.	?	?	Samech		ס	Ξ	Xi	X
16.			Ajin "Auge"		ע	O	Omikron	O
17.			Pe		פ	Π	Pi	P
18.	?		Tsade		צ			
19.	?		Qof		ק			Q
20.			Resch "Kopf"		ר	P	Rho	R
21.	?		Schin/Sin "Zahn"		ש	Σ	Sigma	S
22.	?		Taw		ת	T	Tau	T

Entstehung und Entwicklung des Alphabets

für Vokale) um 1000 v. Chr. heimisch und bildete die Grundlage auch für das spätere lateinische Alphabet, das wir heute noch benutzen (s. Abb. S. 21).

3. Schreibkunst und Bibel

Zur Zeit der Abfassung der ersten Bibelbücher, d.h. um 1500 v. Chr., war also die Schreibkunst bereits hoch entwickelt. Mose, der nach Apg 7,22 unterwiesen war in aller Weisheit der Ägypter, beherrschte sicherlich die Kunst des Hieroglyphenschreibens und kannte möglicherweise bereits die alphabetische Schrift.

In 2. Mo 17, 14 lesen wir zum ersten Mal, daß Gott Mose befiehlt, Seine Worte über das Volk Amalek niederzuschreiben. In 2.Mo 24, 12 wird er dann von Gott aufgefordert, die von Ihm selbst beschriebenen Tafeln mit dem Gesetz in Empfang zu nehmen, und in Kap. 34, 27 erhält er nochmals den Auftrag, die Worte Gottes aufzuschreiben. In 4. Mo 33, 2 lesen wir schließlich, daß Mose einen Bericht über die Wüstenwanderung Israels verfaßt.

Am Ende seines Lebens, in 5. Mo 31, 24–26 heißt es dann: „Und es geschah, als Mose geendigt hatte, die Worte dieses Gesetzes in ein Buch zu schreiben bis zu ihrem Schlusse, da gebot Mose den Leviten, welche die Lade des Bundes Jehovas trugen, und sprach: Nehmet dieses Buch des Gesetzes und leget es zur Seite der Lade des Bundes Jehovas, eures Gottes, daß es daselbst zum Zeugen gegen dich sei“. Hier haben wir den Anfang der Sammlung der Bücher der Heiligen Schrift.

Vom Sinn und Wert des Alten Testaments

Vielen Bibellesern ist das AT schwer zugänglich. Manche meinen, abgesehen von den Psalmen und einigen anderen Stellen enthielte es doch nur Berichte über längst vergangene Epochen, die für den heutigen Leser höchstens noch historischen Wert haben könnten. Andere sehen im AT zwar die Heilige Schrift der Israeliten, aber eben auch nur das. Für den Christen sei ausschließlich das Neue Testament erforderlich. Diese Auffassungen werden jedoch der wahren Bedeutung der Heiligen Schrift des AT nicht gerecht. Das AT ist ebenso Gottes Wort wie das NT.

1. Das Alte Testament ist Heilige Schrift

Die Bücher des AT bilden nicht nur den ersten Teil der Bibel, so wie wir sie als Christen kennen, sondern sie waren und sind bis heute auch die Heilige Schrift des Volkes Israel bzw. der Juden. Nur in der Anordnung der einzelnen Bücher unterscheidet sich die Bibel der Juden von unserem AT, nicht jedoch im Inhalt (s. S. 7: „Das Alte Testament“). Die orthodoxen Juden halten sich noch heute an die vielen Vorschriften des Gesetzes Moses, darüber hinaus beobachten sie aber auch viele weitere Überlieferungen, die weit über das von Gott im Gesetz Geforderte hinausgehen (vgl. Mk 7, 1–16).

Was Israel als Volk nicht sieht, ist die Tatsache, daß der im AT verheißene und von ihnen erwartete Messias bereits in Jesus Christus erschienen ist. Ihre Ablehnung führte dazu, daß Gott Israel nicht mehr wie früher als Sein irdisches Volk anerkennen und behandeln konnte und es zeitweilig beiseite setzte. Juden wie Nationen können heute gleichermaßen nur durch den Glauben an den Herrn Jesus Christus und Sein Erlösungswerk mit Gott versöhnt werden und gehören dann zu der einen Versammlung (*ekklesia*) des lebendigen Gottes (1. Kor 12, 13; Gal 3, 28; Eph 2, 11–18; Kol 3, 11). Die von Gott bewirkte Verhärtung Israels wird ausführlich in Rö 9–11 beschrieben.

Aufgrund der Ablehnung Christi und der Botschaft des NT kann Israel jedoch auch das AT nicht mehr richtig verstehen. Paulus schreibt dazu in 2. Kor 3, 14–16: „Aber ihr Sinn ist verstockt worden, denn bis auf den heutigen Tag bleibt beim Lesen des alten Bundes dieselbe Decke unaufgedeckt, die in Christo weggetan wird. Aber bis auf den heutigen Tag, wenn Moses gelesen wird, liegt die Decke auf ihrem Herzen. Wenn es aber zum Herrn umkehren wird, so wird die Decke weggenommen“.

2. Das Alte Testament als Geschichtsbuch

Das AT ist auch ein Geschichtsbuch, das den Zeitraum von der Erschaffung der Welt bis zur Zeit nach der Babylonischen Gefangenschaft, d.h. bis ungefähr 400 v. Chr., umfaßt. Aber es ist kein menschliches, sondern ein göttliches Geschichtsbuch. Die ersten beiden Kapitel der Bibel, die die Erschaffung der Welt und der Menschen beschreiben, enthalten Tatsachen, die wir nur durch Offenbarung kennen, weil es keine menschlichen Zeugen dafür gab.

Auch in den übrigen Teilen des AT sieht man immer wieder, daß hier nicht „Geschichte“ nach menschlichen Maßstäben geschrieben worden ist. Gott zeigt in diesem Buch, wie Er die Menschen sieht. Seit dem Sündenfall entfernten sich die Menschen immer weiter von Gott. Als die Sünde und der Hochmut der Menschen überhandnahmen, strafte Gott die damalige Menschheit durch die Sintflut. Aber nach der Flut begann die Gottentfremdung der Menschen schon bald wieder von neuem.

Es gab unter ihnen jedoch auch solche, die Ihn fürchteten und an Ihn glaubten. Das Leben eines Henoch, eines Noah, eines Abraham mag in der Welt keinen großen Eindruck hinterlassen haben, aber Gott hat ihre Lebensläufe und ihren Glauben aufzeichnen lassen (vgl. Hebr 11).

Manche Könige, die in der Weltgeschichte eine große Rolle spielten, werden kaum erwähnt, während andere, die nur eine „Nebenrolle“ einnahmen, einen Platz in der Bibel fanden, wenn sie mit Gott oder Seinem Volk in Berührung kamen. So wurde z.B. die Existenz des in Daniel 5 erwähnten, in den offiziellen babylonischen Königslisten jedoch fehlenden Königs Belsazar durch den Fund einer Zylinder-Inschrift seines Vaters Nabonid aus Ur bestätigt.

Den größten Teil des AT nimmt die Entstehung und Geschichte des Volkes Israel ein. Dieses Volk wurde von Gott aus reiner Gnade erwählt, damit Seine Grundsätze und Sein Wille auf der Erde sichtbar würden. Aber auch die Geschichte Israels ist eine Geschichte des Niedergangs, denn alles, was Gott den Menschen anvertraut, wird von ihnen verdorben. Auch die Propheten, die Gott immer wieder zu Seinem Volk sandte, konnten durch ihren Dienst, der zum großen Teil in den prophetischen Büchern erhalten ist, diesen Verfall nicht aufhalten.

Das AT beschreibt also die Geschichte der Menschheit und des Volkes Israel unter der gerechten Regierung Gottes als eine Geschichte des Widerstandes und des Niedergangs. Aber gleichzeitig zeigt Er darin immer wieder Seine Gnade und läßt uns auch den Glauben derer sehen, die auf Ihn vertrauten.

3. Das Alte Testament als „Bilderbuch“

Mehrmals wird im NT darauf hingewiesen, daß auch das AT zur Unterweisung der Christen geschrieben wurde. In Röm 15, 4 schreibt der Apostel Paulus den Christen in Rom, die zum großen Teil keine ehemaligen Juden, sondern Heiden waren: „Denn alles, was zuvor geschrieben ist, ist zu unserer Belehrung geschrieben, auf daß wir durch das Ausharren und durch die Ermunterung der Schriften die Hoffnung haben“. Mit dem, „was zuvor geschrieben ist“, und mit den „Schriften“ ist eindeutig das AT gemeint. Das geht erstens aus der Tatsache hervor, daß im vorhergehenden Vers ein Psalmvers angeführt wird. Zweitens existierten zur Zeit der Abfassung des Römerbriefes (um 58) erst wenige neutestamentliche Schriften. Wie weit sie schon verbreitet und bekannt waren, wissen wir nicht. Drittens wird der hier für „die Schriften“ verwendete griechische Ausdruck *hai graphai* im NT nur für die Heiligen Schriften des AT benutzt.

Auch in seinem ersten Brief an die Korinther bezieht Paulus sich des öfteren auf das AT. In Kapitel 9, 9 zitiert er das Gebot aus 5. Mose 25, 4: „Du sollst dem Ochsen, der da drischt, nicht das Maul verbinden“. In Vers 10 fügt er hinzu: „Denn es ist um unsertwillen geschrieben...“, und er benutzt diesen Vers sowie die Gewohnheit der Tempeldiener (V. 13) als Erklärung dafür, daß auch im geistlichen Bereich jeder Arbeiter ein Recht auf Lohn für seine Tätigkeit hat.

In 1. Korinther 10, 1–11 schildert Paulus verschiedene Ereignisse aus der Zeit der Wüstenwanderung Israels als warnende Beispiele. Sein Kommentar dazu lautet: „Diese Dinge aber sind als Vorbilder für uns geschehen, daß wir nicht nach bösen Dingen gelüsten, gleichwie auch jene gelüsteten“ (V. 6). Die Aufzählung von vier weiteren Sünden Israels (Götzendienst, Hurerei, Auflehnung und Murren) schließt mit den Worten: „Alle diese Dinge aber widerfuhren jenen als Vorbilder und sind geschrieben worden zu unserer Ermahnung, auf welche das Ende der Zeitalter gekommen ist“ (V. 11).

Galater 4, 21–31 geht noch einen Schritt weiter. Hier spricht Paulus von Sara, der Frau Abrahams, und Hagar, ihrer Magd, sowie von ihren Söhnen Isaak und Ismael, und weist dabei ausdrücklich auf einen bildlichen Sinn hin: die Personen sind Bilder der Gnade und des Gesetzes (V. 24). Ähnlich wird in Hebräer 7, 1–3 der König Melchisedek mit Christus, dem Sohn Gottes, verglichen. Dabei werden auch seine Namen übersetzt und erklärt: König der Gerechtigkeit und König des Friedens.

Diese Stellen des NT sind deshalb wichtig, weil sie uns einen vom Heiligen Geist inspirierten Schlüssel zum rechten Verständnis des AT geben. Das AT ist voll von Typen oder „Vorbildern“ auf neutestamentliche Personen, Tatsachen und Ereignisse. Daher ist es durchaus gerechtfertigt, in dieser Beziehung vom AT als dem „Bilderbuch“ des NT zu sprechen. Viele Wahrheiten, die im NT lehrmäßig und oft in abstrakter Form verkündet werden, finden sich bereits typologisch im AT vorgebildet.

So ist zum Beispiel die Opferung Isaaks in 1.Mose 22 ein deutliches Vorbild davon, daß Gott „seines eigenen Sohnes nicht geschont, sondern ihn für uns alle hingegeben hat“ (Röm 8,32). Die Stiftshütte in der Wüste ist ein passendes Vorbild der Versammlung (*ekklesia*) Gottes heute (Mt 16,18; 1.Kor 3,9–17). Auch die vierzigjährige Wanderung Israels durch die Wüste mit all ihren Versuchungen ist, wie wir sahen, ein Bild des christlichen Lebens auf der Erde mit all seinen Gefahren.

Diese wenigen Beispiele mögen hier genügen. Sie zeigen zugleich, daß es verschiedenartige Vorbilder im AT gibt. Es können hauptsächlich wohl die folgenden Unterscheidungen getroffen werden:

1. Vorbildliche Personen: z.B. Eva / Versammlung, Joseph / Christus, David / Christus.

2. Vorbildliche Gegenstände: z.B. Bundeslade / Christus, Stiftshütte / Versammlung, die Gesetzestafeln / das Wort Gottes.

3. Vorbildliche Orte: Ägypten / die Welt, die Wüste / unsere irdischen Umstände, Kanaan / die himmlischen Örter und Segnungen.

4. Vorbildliche Ereignisse: Verkauf Josephs durch seine Brüder / Verwerfung Christi durch die Juden, Tieropfer / Erlösungswerk Christi, usw.

Ein wesentlicher Grundsatz bei der Beschäftigung mit den alttestamentlichen Vorbildern ist, daß man bei ihrer Deutung nie über das im NT Offenbarte hinausgehen darf. Es sind eben Bilder, die uns die Lehre des NT in passender Weise aus der Praxis und für die Praxis illustrieren.

4. Das Alte Testament als Zeugnis von Christus

Das Wichtigste ist jedoch, daß auch das AT bereits von dem Herrn Jesus zeugt. Er selbst sagte in Johannes 5, 39 zu den Juden: „Ihr erforschet die Schriften, denn ihr meinet, in ihnen ewiges Leben zu haben, und sie sind es, die von mir zeugen“. Seinen Jüngern kündigte Er Sein Leiden mit den Worten an: „Siehe, wir gehen hinauf nach Jerusalem, und es wird alles vollendet werden, was durch die Propheten auf den Sohn des Menschen geschrieben ist; denn er wird den Nationen überliefert werden und wird verspottet und geschmäht und angespieen werden; und wenn sie ihn gegeißelt haben, werden sie ihn töten, und am dritten Tage wird er auferstehen“ (Lk 18, 31–33). Als Er sich dann am Tage Seiner Auferstehung den beiden Jüngern anschloß, die betrübt von Jerusalem nach Emmaus gingen, sagte Er schließlich zu ihnen: „O ihr Unverständigen und trägen Herzens, zu glauben an alles, was die Propheten geredet haben! Mußte nicht der Christus dies leiden und in seine Herrlichkeit eingehen? Und von Moses und von allen Propheten anfangend, erklärte er ihnen in allen Schriften das, was ihn betraf“ (Lk 24, 25–27). Am Abend des gleichen Tages erschien Er allen Seinen Jüngern. Bei dieser Gelegenheit sagte Er: „Dies sind die Worte, die ich zu euch redete, als ich noch bei euch war, daß alles erfüllt werden muß, was über mich geschrieben steht in dem Gesetz Moses und den Propheten und Psalmen. Dann öffnete er ihnen das Verständnis, um die Schriften zu verstehen, und sprach zu ihnen: Also steht geschrieben, und also mußte der Christus leiden und am dritten Tage auferstehen aus den Toten, und in seinem Namen Buße und Vergebung der Sünden gepredigt werden allen Nationen, anfangend von Jerusalem“ (Lk 24, 44–47).

Nicht nur die Propheten, sondern alle Schriften des AT zeugen also von Christus und von Seinem Werk! Die vom Herrn in Lukas 24, 44 gebrauchte Einteilung des gesamten AT in Gesetz Moses, Propheten und Psalmen entspricht genau der jüdischen Einteilung: Gesetz, Propheten, Schriften (Thora, Nebiim, Ketubim mit den Psalmen als erstem und wichtigsten Buch).

Auch die Apostel beriefen sich bei ihrer Verkündigung von Anfang an darauf, daß die Schriften des AT auf Christus hinwiesen: so Petrus in Apostelgeschichte 2, 30–31; 3, 18.22–23, Philippus in Kapitel 8, 35 und Paulus in Kapitel 17, 2–3; 28, 23.

Weissagungen

Die Weissagungen über den Herrn Jesus und Sein Werk beginnen im 1. Buch Mose. Sie durchziehen das ganze AT und finden ihren Höhepunkt in den Propheten. In diesen Weissagungen ist ein deutliches Fortschreiten der Offenbarungen zu erkennen.

Die erste prophetische Aussage über den Herrn Jesus befindet sich in 1. Mose 3, 15. Dort sagt Gott selbst nach dem Sündenfall zu der Schlange: „Und ich werde Feindschaft setzen zwischen dir und dem Weibe und zwischen deinem Samen und ihrem Samen; er wird dir den Kopf zermalmen, und du, du wirst ihm die Ferse zermalmen“ – ein klarer Hinweis auf Golgatha! (vgl. Heb 2,14).

Abraham erhielt von Gott in 1. Mose 22, 18 die folgende Verheißung: „... Und in deinem Samen werden sich segnen (oder: gesegnet werden) alle Nationen“. Nach Galater 3, 16 ist dieser Same (Nachkomme) Abrahams niemand anders als Christus!

Die erste von einem Menschen ausgesprochene Weissagung über den Herrn Jesus stammt von dem Erzvater Jakob. In seinem Segen über seinen Sohn Juda sagt er: „Nicht weichen wird das Zepter von Juda, noch der Herrscherstab zwischen seinen Füßen hinweg, bis Schilo („der Friedenbringende“ oder „Herrscher“) kommt, und ihm werden die Völker gehorchen“ (1. Mo 49, 10). Hier wird bereits angekündigt, daß Christus aus dem Herrscherhaus Juda hervorgehen würde.

In den Psalmen und den Büchern der Propheten werden weitere Einzelheiten über das Leben, Leiden und Sterben des Herrn angekündigt, die alle bereits ihre Erfüllung gefunden haben. In Micha 5, 1 wird Sein Geburtsort Bethlehem erwähnt, in Daniel 9, 25 die Zeit Seines Kommens und in Jesaja 7, 14 Seine wunderbare Geburt. Auch Seine Herrlichkeit und Herrschaft im Tausendjährigen Reich wird an vielen Stellen beschrieben. In der letzten messianischen Prophezeiung im AT, in Maleachi 4, 2, wird der Herr die „Sonne der Gerechtigkeit“ genannt.

Vorbilder

In dem Abschnitt „Das Alte Testament als Bilderbuch“ haben wir bereits eine Anzahl von Vorbildern erwähnt, von denen einige sich auf den Herrn Jesus beziehen. Diese Vorbilder sind also eine weitere Form des Zeugnisses über den Herrn Jesus im AT.

Aus der Fülle der alttestamentlichen Vorbilder führen wir hier nur einige an, die im NT erklärt werden:

1. Das Passahlamm (2 .Mo 12 / 1. Kor 5, 7).
2. Der Hohepriester (Heb 2, 17; 9, 11; 10, 11–12).
3. Die Bundeslade mit dem Versöhnungsdeckel (2. Mo 25, 10ff. / Heb 9, 4–5; Röm 3, 25).
4. Die eherne Schlange (4. Mo 21, 9 / Joh 3, 14).
5. Jona drei Tage im Bauch des Fisches (Jona 2, 1 / Mt 12, 40).

Die Einheit von Altem und Neuem Testament

Das AT ist also nicht nur ein Buch von historischem Wert. Es gibt im AT viele Weissagungen, die bereits erfüllt sind, aber auch solche, die noch auf ihre Erfüllung warten. Außerdem enthält es eine erstaunliche Fülle von Vorbildern neutestamentlicher Wahrheiten. Diese mußten den zeitgenössischen Lesern verborgen bleiben und werden erst durch die neutestamentliche Offenbarung beleuchtet. Das Wichtigste ist jedoch, daß das AT vom Anfang bis zum Ende von dem Herrn Jesus zeugt.

Daher bildet das AT mit dem NT eine untrennbare Einheit. Würde das AT fehlen, wären weite Teile des NT nicht zu verstehen. Im NT kommen mindestens 330 Zitate aus dem AT vor (siehe das Kapitel „Alttestamentliche Zitate im NT“ in dem Buch „Das Neue Testament im Überblick“). Diese Tatsache zeigt rein äußerlich die enge Verbindung beider Teile der Bibel. Außerdem werden an vielen Stellen des NT alttestamentliche Begebenheiten und Namen erwähnt, ohne daß dabei aus den betreffenden Abschnitten wörtlich zitiert wird.

Alles dies bestätigt die Wahrheit des alten lateinischen Spruches:

Novum Testamentum in Vetere latet
Vetus Testamentum in Novo patet.

„Das Neue Testament ist im Alten verborgen;
das Alte Testament wird im Neuen erschlossen“.

Zur Chronologie des Alten Testaments

Jeder, der sich mit der Chronologie der Bibel, besonders des AT, beschäftigt, stellt mit Erstaunen fest, daß die verschiedenen Zeitberechnungen der Forscher zum Teil stark voneinander abweichen. Zwar sind die jüngeren Hauptdaten der israelitischen Geschichte vom Ansatz her allgemein anerkannt, aber je weiter man in die Vergangenheit vorstößt, desto weiter klaffen oft die Jahreszahlen auseinander.

So sind zum Beispiel die Daten der Zerstörung Samarias durch Sargon von Assyrien im Jahre 722 v. Chr. und der Zerstörung Jerusalems durch Nebukadnezar 586 v. Chr. historisch gesichert. Aber auch hier gibt es keine ganz exakten Zahlenangaben. Statt 722 setzen manche 723 oder 721 an; und statt 586 liest man in den Geschichtsbüchern auch 587 oder gar 588.

Wenn man die Geschichte des Volkes Israel jedoch noch weiter zurückverfolgt bis in die Zeit der Richter, Moses und der Erzväter, wird das Zahlengewirr der Berechnungen immer größer. Manchem Bibelleser mag dies seltsam vorkommen. Er denkt vielleicht, das AT enthalte doch so viele Zeitangaben, daß man sie mit Leichtigkeit zu einer vollständigen chronologischen Tabelle zusammenstellen könne. Wer so denkt, versuche einmal, von den genannten Daten der Vernichtung der Reiche Juda und Israel an Hand der Bücher der Könige und Chronika die Regierungszeiten der Herrscher zu addieren und den Zeitpunkt der Reichsteilung (931/30 v. Chr.) zu ermitteln! Man wird dabei feststellen, daß schon die Erstellung einer Chronologie dieser relativ überschaubaren Periode viele Fragen aufwirft. Je weiter man in die Vergangenheit vordringt, desto mehr Probleme tauchen auf.

Wer sich mit der Chronologie des AT beschäftigen will, muß sich der Tatsache bewußt sein, daß es verschiedene Faktoren gibt, deren Kenntnis für die sinnvolle Beschäftigung mit den biblischen Zeitangaben erforderlich ist. Unser Ausgangspunkt ist selbstverständlich, daß auch die biblischen Zahlenangaben von Gottes

Geist inspiriert und deshalb wahr sind; sie können sich bei rechtem Verständnis deshalb auch unmöglich widersprechen. Nachstehend führen wir einige der zu berücksichtigenden Schwierigkeiten auf:

1. Bei den Jahresangaben größerer Zeiträume ist das Ausgangsdatum nicht immer eindeutig festgelegt. In 2. Mose 12, 40 wird die Wohnzeit der Israeliten in Ägypten mit 430 Jahren angegeben, während in Galater 3, 17 die gleiche Zahl von Jahren für die Zeit zwischen der Bestätigung des Abraham-Bundes und der Gesetzgebung am Sinai angegeben wird. Ist in dieser Zahl nun die Patriarchenzeit eingeschlossen, wie manche meinen, oder bezieht sich diese Angabe – was wahrscheinlicher ist – nur auf den Aufenthalt der zwölf Stämme Israels in Ägypten?

2. Es gab im Altertum verschiedene Methoden zur Zählung der Regierungsjahre eines Herrschers. Im einen Falle wurden alle Jahre von der Thronbesteigung an vollständig gezählt, im anderen Falle („babylonische Zählung“) wurde das erste Jahr als sogenanntes „Thronbesteigungsjahr“ bei den Regierungsjahren nicht mitgezählt (vgl. Dan 1, 1 mit Jer 25, 1).

3. Eine weitere, heute kaum lösbare Frage ist die, ob die Monate eines angebrochenen Jahres (z. B. bei der Thronbesteigung oder vor dem Tode des Herrschers, bzw. bei der Geburt eines Nachkommen) als volle Jahre gezählt wurden oder nicht.

Dem Wunsch, eine lückenlose biblische Chronologie zu erstellen, stehen also einige Schwierigkeiten im Wege. Die Frage, ob die biblischen Geschlechtsregister und Jahresangaben uns überhaupt zu diesem Zweck gegeben worden sind, ist daher nicht leicht zu beantworten. Damit wird jedoch die wörtliche Inspiration der Bibel keineswegs in Frage gestellt. Denn wenn das Wort Gottes vom Heiligen Geist inspiriert ist, gilt dies auch für die Zahlenangaben. Die Fragestellung lautet deshalb nicht, ob die einzelnen Zahlenangaben wahr sind, sondern ob sie vollständig sind. Wenn man die erwähnten Schwierigkeiten bedenkt, könnte man zu dem Schluß gelangen, daß mit unserer heutigen Kenntnis eine vollständige Chronologie der Menschheit aus dem Worte Gottes nicht ohne weiteres abgeleitet werden kann.*

Trotzdem hat es viele Versuche gegeben, diesen „Stammbaum“ der Menschheit bis auf Adam zu ermitteln. Einer der bekanntesten ist die Chronologie des englischen Bischofs Ussher (1580–1656), der für die Erschaffung Adams das Jahr 4175 v. Chr. glaubte ermitteln zu können. Andere Daten hierfür sind: 4220, 4046, 4004 v. Chr. usw. Auf der anderen Seite stehen die Archäologen, die sich die Auffassungen der Evolutionstheorie über den Ursprung des Menschen zu eigen gemacht haben und die wörtliche Inspiration der Bibel nicht anerkennen. Für sie ist im 1. Buch Mose alles Mythos beziehungsweise Legende; die Zahlenangaben haben für sie nur symbolischen Wert. Wenn die „biblischen Chronologen“ das Geburtsdatum des Patriarchen Abraham auf das Jahr 2212, 2038 oder 1996 v. Chr. berechnet haben, so setzt die Bibelkritik das Leben Abrahams (sofern sie ihn überhaupt als wirkliche Person anerkennt) im 15. – 14. Jh. v. Chr. an.

In den letzten 150 Jahren ist die Kenntnis über das Altertum durch die archäologischen Funde und die Entzifferung der Keilschrift- und Hieroglyphentexte wesentlich erweitert worden. Dabei ergab sich auch manche Querverbindung zur Bibel. Nebenbei bemerkt, hat bisher keine gesicherte archäologische Erkenntnis den biblischen Angaben widersprochen. Im Gegenteil: die Präzision der historischen Angaben des Wortes Gottes konnte durch die Archäologie bisher nur bestätigt werden, und manche Theorie, die im Widerspruch zu den biblischen Angaben stand, ist durch die Archäologie widerlegt und sang- und klanglos begraben worden.

* Gleiches gilt auch für die historischen, geographischen und naturkundlichen Angaben der Bibel. Sie sind alle wahr und richtig, weil sie von Gott, dem Schöpfer, kommen. Aber vom wissenschaftlichen Standpunkt aus betrachtet, sind sie sicherlich nicht vollständig in dem Sinne, daß daraus komplette Ordnungen erstellt werden können, die der Mensch so liebt!

Für die Zeit des NT sind die dort erwähnten weltlichen Machthaber (die Kaiser Augustus, Tiberius und Claudius sowie die Statthalter der römischen Provinzen) zeitlich exakt einzuordnen, so daß diese Periode mit großer Genauigkeit eingegrenzt ist. Ähnliches gilt auch für die letzte Epoche des AT, das heißt, die Zeit der Reiche Griechenland, Persien, Babylon und Assyrien. Das Zeitgerüst der Weltgeschichte steht genau mit der biblischen Chronologie im Einklang. Schwieriger wird es jedoch für die Zeit vor 1000 v. Chr.

Vor der Reichsteilung Israels im Jahre 931/30 v. Chr. regierte der König Salomo vierzig Jahre. Im vierten Jahre seiner Regierung, also im Jahre 967/66 v. Chr., legte er den Grund zum Tempelbau in Jerusalem. Dieses Jahr war das 480. Jahr nach dem Auszug Israels aus Ägypten (1. Kön 6, 1), der demnach um 1446 v. Chr. stattgefunden hat. Damit stimmt die Angabe überein, daß Israel zur Zeit des Richters Jephtha bereits 300 Jahre jenseits des Jordan ansässig war (Ri 11, 26). Die Zeitangabe „bei 450 Jahren" in Apostelgeschichte 13, 18–20 läßt sich auch auf die Periode zwischen dem Auszug aus Ägypten (1446 v. Chr.) und dem Königtum Davids (um 1000 v. Chr.) beziehen (s. S. 74, Abschnitt c): „Die Chronologie der Richterzeit". Auch die übrigen Zeitangaben der Richterperiode (die allerdings nicht einfach alle addiert werden können), sowie die Daten der Geschichte Ägyptens sprechen für die Frühdatierung des Auszuges Israels aus Ägypten um 1446 v. Chr. Bei der sogenannten „Spätdatierung" des Auszugs um 1290 v. Chr., wie sie heute in vielen Geschichtsbüchern und Bibelwerken üblich ist, bleibt viel zu wenig Zeit für die Richterperiode.

Über die Dauer des Aufenthaltes des Volkes Israel in Ägypten gibt es verschiedene Auffassungen, auch unter bibeltreuen Schriftforschern. Die Gründe dafür sind in erster Linie die verschiedenen Zeitangaben, über deren Deutung und Einordnung man sich nicht immer einig ist.

In 2. Mose 12, 40 heißt es, daß die Wohnzeit der Kinder Israel in Ägypten 430 Jahre betrug. Dazu passen die Zeitangaben von 400

Jahren bei Abraham (1. Mo 15, 13) und Stephanus (Apg 7, 6). Die in Galater 3, 17 erwähnten 430 Jahre zwischen der Bestätigung des Abraham-Bundes und dem Gesetz können nicht von der Errichtung dieses Bundes mit Abraham an gezählt werden, sondern müssen von der letzten Bestätigung Jehovas gegenüber Jakob (1. Mo 46, 2–4) an gerechnet werden. Außerdem ist es kaum möglich, daß in einer Zeit von weniger als ca. 400 Jahren eine Sippe von siebzig Seelen auf eine Volksstärke von über zwei Millionen anwächst.

Bei seinem Kommen nach Ägypten (1876 v. Chr.) war Jakob 130 Jahre alt (1. Mo 47, 9). Damit ist die Patriarchenzeit zeitlich fest mit dem Auszug aus Ägypten verknüpft. Jakob wurde demnach 2006 v. Chr. geboren, Isaak 2066 und Abraham im Jahre 2166 v. Chr.

Über den Zeitpunkt der Geburt Abrahams hinaus sollte man mit Berechnungen an Hand der biblischen Zahlen aus den oben angegebenen Gründen vorsichtig sein. Die Ergebnisse solcher Berechnungen zeigen doch manche Unterschiede. Andererseits weichen die Resultate der archäologischen Forschung zum Teil stark von diesen Chronologien ab. Eine völlig befriedigende Antwort auf die mancherlei Fragen, die sich aus diesen Tatsachen ergeben können, ist heute wohl kaum möglich.

Aus diesem Grunde machen wir für die Periode vor den Patriarchen keine Zeitangaben. Das Wort Gottes gibt uns zwar eine vollständige Menschheitsgeschichte vom Standpunkt Gottes aus, jedoch in erster Linie in sittlicher Hinsicht. Deshalb nehmen wir die biblischen Zahlenangaben als wahrhaftig an, warnen aber gleichzeitig vor zu einfachen und übereilten Schlußfolgerungen.

Chronologie der 5 Bücher Mose

Ausgangspunkt der Übersicht ist 966 v. Chr. als Jahr des Tempelbaus. Nach 1. Könige 6, 1 fand dann der Auszug aus Ägypten im Jahre 1446 v. Chr. statt, und nach 2. Mose 12, 40 kam Jakob im Jahre 1876 v. Chr. mit 130 Jahren nach Ägypten (vgl. 1. Mose 47, 1. 9).

Abrahams Geburt	2166 v. Chr.	(1. Mo 21,5; 25,7)
Sein Zug nach Kanaan	2091 v. Chr.	(1. Mo 12, 4)
Isaaks Geburt	2066 v. Chr.	(1. Mo 21, 5)
Jakobs Geburt	2006 v. Chr.	(1. Mo 25, 26)
Tod Abrahams	1991 v. Chr.	(1. Mo 25, 7)
Josephs Geburt	1915 v. Chr.	(1. Mo 30, 22–24)
Tod Isaaks	1886 v. Chr.	(1. Mo 35, 28)
Joseph vor Pharao	1885 v. Chr.	(1. Mo 41, 46)
Jakob kommt nach Ägypten	1876 v. Chr.	(1. Mo 47, 9)
Tod Jakobs	1859 v. Chr.	(1. Mo 47, 28)
Tod Josephs	1805 v. Chr.	(1. Mo 50, 26)
Moses Geburt	1526 v. Chr.	(5. Mo 34, 7)
Flucht Moses nach Midian	1486 v. Chr.	(Apg 7, 23)
Auszug Israels aus Ägypten	1446 v. Chr.	(2. Mo 12, 40; Apg 7, 30)
Tod Moses Einzug Israels in Kanaan	1406 v. Chr.	(5. Mo 34, 7; 1. Kön 6, 1)

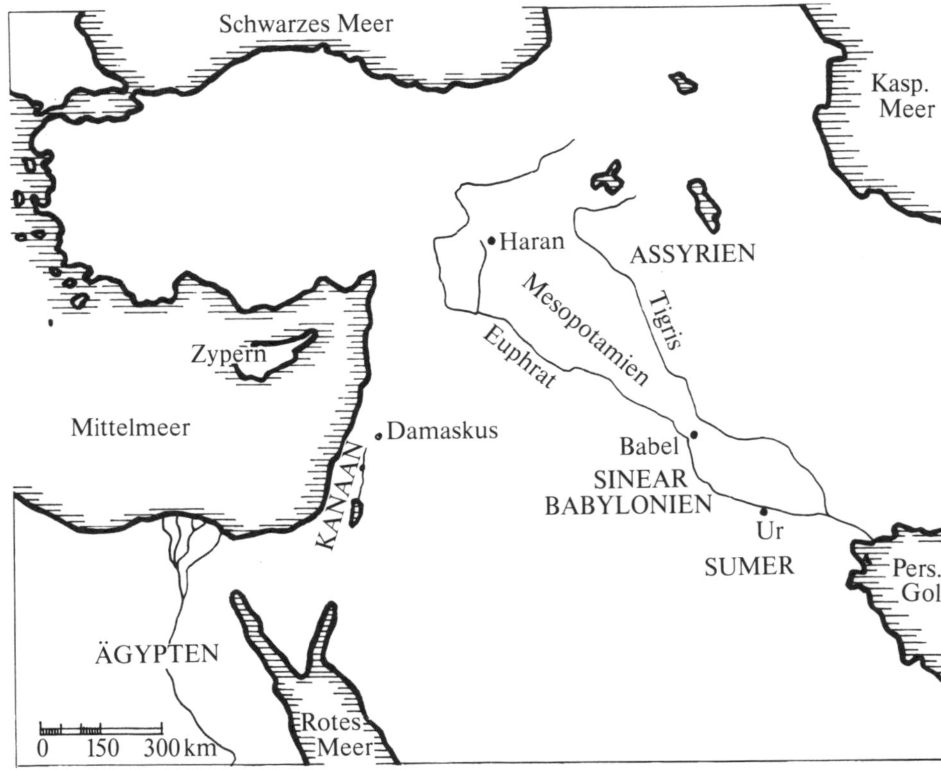

Der vordere Orient
zur Zeit der Erzväter

Das 1. Buch Mose (Genesis)

50 Kapitel

1. Verfasser und Entstehungszeit

Nach alter Überlieferung wurde nicht nur das 1. Buch Mose, sondern der gesamte Pentateuch (von griech. *pente* „fünf" und *teuchos* „Behälter für Buchrollen" abgeleitete Bezeichnung für die fünf Bücher Mose) von Mose selbst geschrieben. Bei den Geschehnissen des 2. bis 5. Buches war Mose Augenzeuge und zum Teil sogar Hauptperson. Bei der Abfassung des 1. Buches konnte er sich außer auf direkte Offenbarungen Gottes (z.B. bei dem Bericht über die Erschaffung der Welt in 1. Mose 1–2) möglicherweise auch auf Dokumente aus der Patriarchenzeit stützen (z. B. die Geschlechtsregister, vgl. 1. Mose 5; 10–11 und 36). Unter der Leitung des Heiligen Geistes Gottes schrieb Mose alles nieder. Da er ein Prophet war, treffen auch auf ihn die Worte in 2. Petrus 1, 21 zu: „Heilige Männer Gottes redeten, getrieben vom Heiligen Geiste".

Mose lebte in der Zeit von ca. 1500–1400 v. Chr. Zu dieser Zeit gab es in Ägypten die hochentwickelte Hieroglyphenschrift, deren Anfänge bereits seit dem 3. Jahrtausend v. Chr. belegt sind. Auch die sumerische Bilderschrift und die assyrisch-babylonische Keilschrift reichen ebenfalls so weit zurück.

Die akkadisch-sumerischen und assyrisch-babylonischen „Schöpfungs- und Sintflutmythen" (z.B. das Gilgamesch-Epos) sind immer wieder mit den entsprechenden Berichten der Bibel verglichen worden und werden vielfach als deren Vorlage bezeichnet. Aber diese menschlichen, von allerlei Göttergestalten erfüllten Dichtungen stehen in einem großen Gegensatz zu den einfachen, klaren Worten der Heiligen Schrift. Sie zeigen jedoch, daß sich bei diesen heidnischen Völkern eine schwache Erinnerung an die Anfänge der Welt erhalten hatte, die sie in ihrer Phantasie und unter dem Einfluß ihres Götzendienstes in der bis heute erhaltenen Form niederschrieben. So ist auch die Schlangenverehrung, die in vielen Götzenkulten in der ganzen Welt verbreitet war und zum Teil noch ist, ein Beweis dafür, wie es dem Satan gelungen ist, die Menschen von der Verehrung des einen wahren Gottes abzubringen und hinter sich herzuziehen (vgl. 1. Mose 3, 1; Oft 12, 9).

Die Überlieferung, daß Mose der Verfasser der fünf nach ihm benannten Bücher ist, findet ihren Ursprung im Worte Gottes selbst. Der Name „Gesetz“ bezeichnet nicht nur die Gebote, die Mose am Sinai von Gott empfing. Schon im AT bezieht er sich häufig auf alle fünf Bücher Mose, die Thora, d.h. den ersten Teil des AT (siehe S. 7). Vgl. Josua 1, 7; 8, 31; Richter 3, 4; 1. Könige 2, 3; 2. Chronika 23, 18; Esra 3, 2; Nehemia 8, 1; Daniel 9, 11; Maleachi 4, 4.

In den Evangelien bestätigt der Herr Jesus die Verfasserschaft des Mose in Lukas 24, 27 u. 44; Joh 5, 46–47. Auch Paulus, der so viel vom Gesetz spricht, nennt es öfter das „Gesetz Moses“ (Röm 10, 5; 1. Kor 9, 9; Heb 10, 28).

Daß in dem Ausdruck „Gesetz“ oder „Gesetz Moses“ tatsächlich auch das 1. Buch Mose eingeschlossen ist, wird an folgenden zwei Stellen des NT deutlich: 1. Korinther 14, 34 kann sich nur auf die göttliche Ordnung in 1. Mose 2, 18ff und 3, 16 beziehen, da im Gesetz vom Sinai ein ausdrückliches Gebot der Unterwürfigkeit der Frau fehlt; und in Galater 4, 21ff führt Paulus die Geschichte Ismaels und Isaaks (1. Mose 16 und 21) an. In beiden Fällen ist vom Gesetz die Rede.

2. Zweck der Niederschrift

Das erste Buch Mose (Genesis: „Anfang“, „Werden“) ist das Buch der Anfänge. Es enthält den „Keim“ für alles Handeln Gottes mit der Welt, die Grundsätze der Beziehungen Gottes zu den Menschen, und typologisch (vorbildlich) nimmt es alle späteren Offenbarungen Gottes vorweg.

Das erste Buch Mose beschreibt die Erschaffung der Welt, den Fall der ersten Menschen in die Sünde und die Folgen davon, aber nebst dem Fluch auch sogleich den ersten deutlichen Hinweis auf den Erlöser. Wir sehen Gottes Gerechtigkeit im Gericht der großen Flut, aber auch die Wahl der Gnade und das Leben des Glaubens bei Abraham. In der Geschichte Isaaks sehen wir den geliebten Sohn des Vaters, der geopfert werden muß, und in der Geschichte Josephs und seiner Brüder den ganzen Weg Israels mit seinem Messias. In den Lebensbeschreibungen der Patriarchen Abraham, Isaak und Jakob wird uns jedoch auch das persönliche Glaubensleben vorgestellt. Das Zelt zeigt uns, daß der Gläubige ein wandernder Fremdling in dieser Welt ist, der hier keine bleibende Stadt hat, sondern die zukünftige sucht. Der Altar ist das Bild der Gemeinschaft mit dem allein wahren Gott und der Anbetung, die Er sucht.

3. Besonderheiten

a. Die Namen Gottes

Nicht nur im 1. Buch Mose, sondern im ganzen AT kommen in der Hauptsache zwei Namen Gottes vor: Gott (hebr. Elohim) und Jehova (hebr. JHWH: der Ewige oder Ewigseiende; wahrscheinlich „Jahwe" auszusprechen). Diese beiden Namen deuten jedoch nicht, wie viele Kritiker meinen, auf verschiedene Verfasser oder Berichte hin, die von späteren Bearbeitern zusammengestellt worden sein sollen, sondern sind ein Beweis für die göttliche Inspiration der Heiligen Schrift. Überall da, wo die Allmacht des Schöpfers zum Ausdruck gebracht werden soll, steht Gott. Aber wenn Er sich in Gnade dem Menschen zuwendet, wird Er Jehova genannt. So heißt es in 1. Mose 7, 16 nach dem Eintritt Noahs in die Arche: „... wie Gott ihm geboten hatte. Und Jehova schloß hinter ihm zu".

b. „Toledoth"

Eine gewisse Gliederung des 1. Buches Mose ergibt sich dadurch, daß darin elfmal das hebräische Wort *toledoth* (Geschlechterfolge, Geschichte) als Abschluß – oder Einleitung – eines Berichtes vorkommt. Ähnliche stereotype Angaben sind auch aus den

Bibliotheken von Keilschrifttafeln aus dem Zweistromland bekannt. Das Wort *toledoth* kommt an den folgenden Stellen vor:

1. Kapitel 2, 4:	Dies ist die Geschichte des Himmels und der Erde.
2. Kapitel 5, 1:	Dies sind die Geschlechter Adams
3. Kapitel 6, 9:	Dies ist die Geschichte Noahs
4. Kapitel 10, 1:	Dies sind die Geschlechter der Söhne Noahs
5. Kapitel 11, 10:	Dies sind die Geschlechter Sems
6. Kapitel 11, 27:	Dies sind die Geschlechter Tarahs
7. Kapitel 25, 12:	Dies sind die Geschlechter Ismaels
8. Kapitel 25, 19:	Dies sind die Geschlechter Isaaks
9. Kapitel 36, 1:	Dies sind die Geschlechter Esaus
10. Kapitel 36, 9:	Dies sind die Geschlechter Esaus
11. Kapitel 37, 2:	Dies ist die Geschichte Jakobs

c. Sieben Biographien

Das 1. Buch Mose enthält die Lebensbeschreibungen von sieben gläubigen Männern: Adam, Henoch, Noah, Abraham, Isaak, Jakob, Joseph. Auch sie sind mitbestimmend für die Einteilung dieses Buches.

4. Inhaltsübersicht*

I. 1. Mose 1–11: Die Urgeschichte

1. Kapitel 1–5:	Von der Schöpfung bis zur Sintflut
a. Kapitel 1, 1 – 2, 25:	Die Schöpfung
Kap. 1	Das Sechstagewerk (allgemeiner Bericht)
Kap. 2	Die Erschaffung des Menschen (spezieller Bericht)
b. Kapitel 3,1 – 4,7:	Der Sündenfall und seine Folgen (Römer 5, 12)
Kap. 3	Versuchung, Fall, Gericht und Gnade

* Die Gliederung der Inhaltsübersicht des 1. Buches Mose ist wesentlich ausführlicher als die der späteren Bücher und soll zur Anregung dienen.

Kap. 4, 1–7	Kain und Abel: Das erste Opfer, der erste Mord und die erste Stadt
c. Kapitel 4, 8 – 5, 32:	Kain und Seth: zwei Nachkommen Adams (1. Kor 15, 46)
2. Kapitel 6–11:	Von Noah bis Abraham
a. Kapitel 6, 1 – 8, 14	Die Sintflut
Kap. 6	Der Bau der Arche (Mt 24, 38–39; 2. Pet 3, 3–10)
Kap. 7	Die Flut: Gericht und Rettung
Kap 8, 1–14	Das Ende der Flut
b. Kapitel 8, 15 – 10, 32:	Noah und seine Nachkommen
Kap. 8, 15–22	Noah auf der „neuen“ Erde
Kap. 9	Einsetzung der Obrigkeit und Noahs Fall
Kap. 10	Die Völkertafel: Nachkommen Japhets, Hams und Sems
c. Kapitel 11, 1–26	Der Turmbau zu Babel, Abrams Familie
d. Kapitel 11, 27 – 32:	Die Familie Tarahs

II. 1. Mose 12–50: Die Patriarchengeschichte

1. Kapitel 12, 1 – 21, 34:	Abraham, der Vater der Gläubigen (Röm 4)
a. Kapitel 12, 1 – 14, 24:	Abrams Berufung und sichtbares Glaubensleben
Kap. 12	Abram zieht im Glauben nach Kanaan und versagt in Ägypten
Kap. 13	Lots Wahl und Abrams Teil
Kap. 14	Abram rettet Lot und begegnet Melchisedek (Heb 7, 1ff)

b. Kapitel 15, 1 – 21, 34:	Abrahams Erfahrungen mit Gott
Kap. 15	Die Verheißung des Sohnes und des Erbteils
Kap. 16	Hagar und Ismael: Gesetz und Fleisch (Gal 4, 21–31)
Kap. 17	Erneuerung der Verheißung und Einsetzung der Beschneidung; Namensänderung (Abraham und Sara)
Kap. 18	Gemeinschaft mit Gott und Fürbitte für Sodom
Kap. 19	Vernichtung Sodoms und Gomorras; Lots Rettung; Ursprung von Moab und Ammon
Kap. 20	Abrahams Versagen bei Abimelech
Kap. 21	Geburt Isaaks und Trennung von Hagar und Ismael
2. Kapitel 22, 1 – 26, 33:	Isaak, der Sohn der Verheißung
a. Kapitel 22, 1 – 25, 18:	Abraham und Isaak: ein prophetischer Ausblick
Kap. 22	Die Opferung Isaaks (Röm 8,32): Tod Christi
Kap. 23	Saras Tod und Begräbnis: Beiseitesetzung Israels
Kap. 24	Isaak heiratet Rebekka: Berufung der Braut
Kap 25, 1–18	Abrahams Wiederheirat und Isaaks Erbteil: Millennium
b. Kapitel 25, 19–34:	Isaaks Söhne Esau und Jakob: die Wahl der Gnade (Röm 9, 6–14)
c. Kapitel 26, 1–33	Isaak im Philisterland: Fall und Segen
3. Kapitel 26, 34–37, 1:	Jakob–Israel oder die Erziehung des Geistes

a. Kapitel 26, 34 – 28, 22: Esau und Jakob

Kap. 26, 34–35:	Die Frauen Esaus
Kap. 27	Jakob erschleicht sich den Segen
Kap. 28	Jakobs Flucht nach Mesopotamien

b. Kapitel 29, 1 – 31, 55: Jakob bei Laban

Kap. 29	Jakob heiratet Lea und Rahel
Kap. 30	Jakobs Söhne
Kap. 31	Jakobs Rückkehr nach Kanaan

c. Kapitel 32, 1 – 37, 1: Jakob in Kanaan

Kap. 32	Jakobs Kampf mit Gott und sein neuer Name (Israel)
Kap. 33	Jakobs Begegnung mit Esau
Kap. 34	Dina und Sichem
Kap. 35	Jakobs Zug nach Bethel; Geburt Benjamins und Tod Rahels
Kap. 36, 1 – 37, 1	Esau und seine Nachkommen; Schlußwort

4. Kapitel 37, 2 – 50, 26: Joseph, Typus des verworfenen und verherrlichten Christus

a. Kapitel 37, 2–36: Josephs Träume und Gefangenschaft in Ägypten

b. Kapitel 38, 1–30: Juda und Tamar

c. Kapitel 39, 1 – 41, 57: Josephs Erniedrigung und Erhöhung

Kap. 39	Joseph und die Frau Potiphars
Kap. 40	Joseph deutet die Träume der Diener Pharaos
Kap. 41	Pharaos Träume und Josephs Befreiung

d. Kapitel 42, 1 – 47, 31: Die sieben mageren Jahre

Kap. 42	Josephs Brüder in Ägypten

Kap. 43	Die zweite Reise der Brüder nach Ägypten
Kap. 44	Das Gewissen der Brüder regt sich
Kap. 45	Joseph gibt sich zu erkennen
Kap. 46	Jakob kommt nach Ägypten
Kap. 47	Jakob segnet Pharao; Joseph der „Retter der Welt“

e. Kapitel 48, 1 – 50, 26: Jakobs und Josephs Ende

Kap. 48	Jakob segnet Ephraim und Manasse
Kap. 49	Jakob segnet seine zwölf Söhne und stirbt
Kap. 50	Jakobs Begräbnis und Josephs Tod: Die Hoffnung des Erbteils

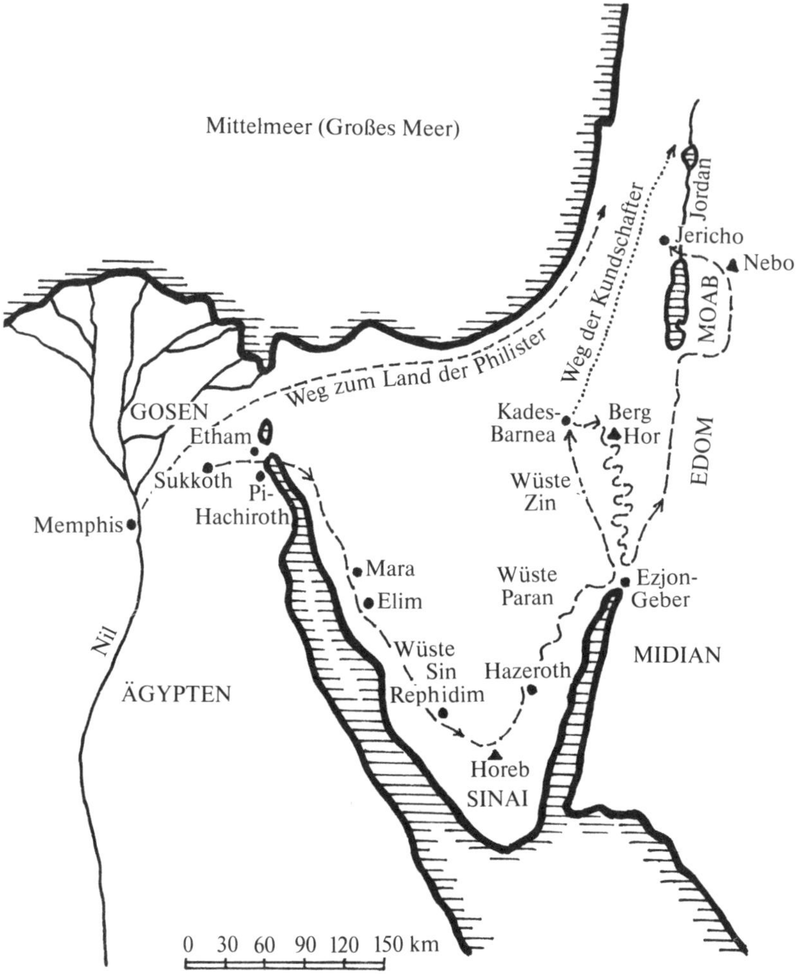

Die vierzigjährige Wüstenwanderung Israels

Das 2. Buch Mose (Exodus)

40 Kapitel

1. Verfasser und Entstehungszeit

Auch für das 2. Buch Mose gilt das zum 1. Buch Mose Gesagte. Während Mose dort jedoch von göttlichen Offenbarungen und möglicherweise von Überlieferungen seiner Vorfahren abhängig war, konnte er die Ereignisse des 2. bis 5. Buches Mose zum allergrößten Teil aus eigener Anschauung und Erfahrung unter der Leitung des Heiligen Geistes niederschreiben (vergleiche 2. Mo 17, 14; 5. Mo 31, 22. 24).

Im NT wird Mose mehrfach als der Verfasser des zweiten Buches Mose erwähnt (z.B. Lk 20, 37; Mk 7, 10).

Zwischen den Ereignissen am Ende des ersten und dem Beginn des zweiten Buches Mose liegt eine Zeit von fast 300 Jahren.

2. Zweck der Niederschrift

Im 2. Buch Mose (Exodus: „Auszug“) wird nicht mehr ausschließlich Gottes Handeln mit einzelnen Menschen beschrieben. In diesem Buch lernen wir ein erlöstes Gottes-Volk kennen. Hier wird die Entstehung und Befreiung des irdischen Volkes Gottes Israel beschrieben, das von Jehova aus der Sklaverei in Ägypten erlöst und auf den Weg in das verheißene Land Kanaan geführt wird. Das 2. Buch Mose ist daher das Buch der Erlösung, deren Marksteine das Passahfest und der Durchzug durch das Schilfmeer sind (s. die Erklärung in 1. Kor 5, 7; 10, 1–2).

Nach dem Auszug aus Ägypten empfing das Volk Israel von Jehova das Gesetz und errichtete auf Seinen Befehl das Zelt der Zusammenkunft (die „Stiftshütte“). Dadurch waren die neuen Beziehungen des Volkes zu Jehova festgelegt:

– Gott wohnte nun in der Mitte Seines Volkes,

– Israel konnte Gott nahen und Anbetung (Opfer) bringen,

– typologisch (vorbildlich) wurde die Herrlichkeit Christi offenbart.

Dem 2. Buch Mose können die Briefe an die Römer und die Galater verglichen werden, deren Themen die Erlösung und das Verhältnis des Christen zum Gesetz sind.

3. Besonderheiten

a. Die Typologie

Das 2. Buch Mose ist besonders reich an vorbildlichen Belehrungen. Wichtig ist folgendes: Ägypten ist ein Bild des gegenwärtigen Zeitlaufs der Welt (Gal 1, 4), das Schilfmeer ein Bild des Todes und der Auferstehung Christi und des Todes des alten Menschen mit Christus (Röm 6, 6). Der Aufenthalt in der Wüste beschreibt die irdischen Umstände, in denen der Erlöste sich im Glauben zu bewähren hat (Joh 17, 14–15).

b. Datierung des Auszugs aus Ägypten

Die meisten heutigen Gelehrten setzen den Auszug Israels im 13. Jh. v. Chr. an, das heißt in der Zeit der 19. Dynastie (Ramses I. bis Merenphthah, unter dessen Regierung der Name Israel zum ersten Mal in Ägypten erwähnt wird). Diese „Spätdatierung“ läßt viel zu wenig Zeit für die Periode der Landnahme und der Richter. Auch die verschiedenen Zeitangaben (z. B. Ri 11, 26; 1. Kön 6, 1; Apg 13, 20) in der Bibel würden dadurch unglaubwürdig. Wenn man jedoch diese biblischen Angaben zugrundelegt, kommt man für das Datum des Auszugs ungefähr auf das Jahr 1446 v. Chr.

4. Inhaltsübersicht

I. 2. Mose 1–13: Israel in Ägypten

Kapitel 1	Israels Unterdrückung
Kapitel 2	Moses Geburt, Erziehung und Flucht nach Midian
Kapitel3	Gott offenbart sich Mose am Horeb als Jehova (Jahwe)
Kapitel 4	Gottes Auftrag an Mose
Kapitel 5	Mose spricht mit dem Pharao
Kapitel 6	Gott ermutigt Mose
Kapitel 7	1. Plage: Wasser wird zu Blut; Pharao verhärtet sich
Kapitel 8	2. Plage: Frösche – 3. Plage: Stechmücken 4. Plage: Hundsfliegen
Kapitel 9	5. Plage: Pest – 6. Plage: Blattern; Gott verhärtet Pharaos Herz – 7. Plage: Hagel
Kapitel 10	8. Plage: Heuschrecken – 9. Plage: Finsternis
Kapitel 11	Ankündigung der 10. Plage und des Auszugs Israels
Kapitel 12	Einsetzung des Passah und Tötung der Erstgeborenen Ägyptens
Kapitel 13	Heiligung der Erstgeburt Israels und Beginn des Auszugs

II. 2. Mose 14–18: Israels Zug zum Sinai

Kapitel 14	Jehova rettet Israel am Schilfmeer
Kapitel 15	Das Lied der Erlösung
Kapitel 16	Das Manna (Joh 6, 31–59)
Kapitel 17	Wasser aus dem Felsen (1. Kor 10, 4); Kampf gegen Amalek
Kapitel 18	Jethros Rat für Mose

III. 2. Mose 19–24: Bund und Gesetzgebung am Sinai

Kapitel 19	Jehovas Bund mit Israel
Kapitel 20	Die zehn Gebote
Kapitel 21	Das Gesetz: Die Rechte der Person

Kapitel 22	Das Gesetz: Das Eigentumsrecht
Kapitel 23	Das Gesetz: Das Recht im sozialen und religiösen Leben
Kapitel 24	Der Bund wird geschlossen

IV 2. Mose 25–31: Vorschriften für das Heiligtum und das Priestertum

Kapitel 25	Das Hebopfer; Bundeslade, Tisch und Leuchter
Kapitel 26	Das Zelt der Zusammenkunft
Kapitel 27	Der eherne Altar und der Vorhof
Kapitel 28	Die Priesterkleidung
Kapitel 29	Die Priesterweihe und das beständige Brandopfer
Kapitel 30	Der goldene Altar, das Waschbecken; Salböl und Räucherwerk
Kapitel 31	Bezaleel und Oholiab

V. 2. Mose 32–34: Israels Abfall und Gottes Gnade

Kapitel 32	Das goldene Kalb und die zerbrochenen Gesetzestafeln
Kapitel 33	Mose als Mittler
Kapitel 34	Das zweite Gesetz

VI. 2. Mose 35–40: Der Bau des Heiligtums

Kapitel 35	Das Hebopfer
Kapitel 36	Der Bau des Zeltes der Zusammenkunft („Stiftshütte“)
Kapitel 37	Bundeslade, Tisch, Leuchter und goldener Altar
Kapitel 38	Eherner Altar und Vorhof
Kapitel 39	Die Priesterkleidung
Kapitel 40	Aufrichtung des Zeltes als Wohnung Jehovas

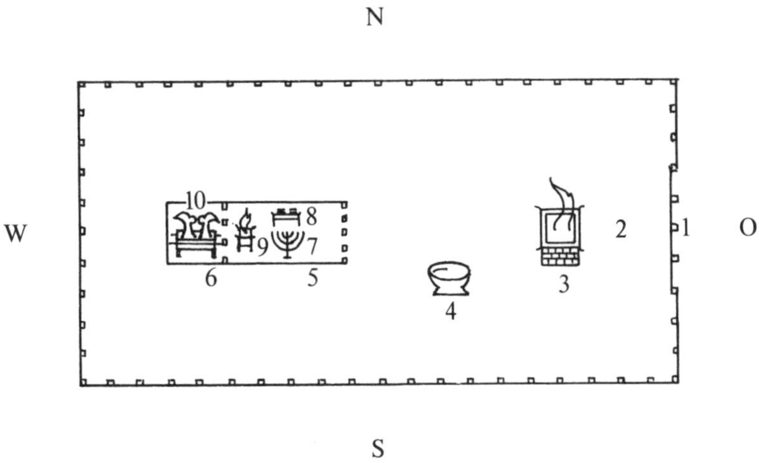

1. Eingang zum Vorhof
2. Der Vorhof (2. Mo 27, 9–19)
3. Der eherne Altar (2. Mo 27, 1–8)
4. Das Waschbecken (2. Mo 30, 17–21)
5. Das Heilige (2. Mo 26)
6. Das Allerheiligste (2. Mo 26)
7. Der goldene Leuchter (2. Mo 25, 31–40; 27, 20–21
8. Der Schaubrottisch (2. Mo 25, 23–30)
9. Der goldene Altar (2. Mo 30, 1–10)
10. Die Bundeslade mit dem Versöhnungsdeckel (2. Mo 25, 10–22)

Das Zelt der Zusammenkunft (Die Stiftshütte)

Das 3. Buch Mose (Leviticus)

27 Kapitel

1. Verfasser und Entstehungszeit

Das 3. Buch Mose beginnt mit den Worten: „Und Jehova rief Mose, und er redete zu ihm aus dem Zelte der Zusammenkunft". Solche Einleitungsworte kommen mehr als 35mal im 3. Buch Mose vor. Sie unterstreichen, daß Mose diese zahlreichen Offenbarungen und Mitteilungen persönlich empfing und niederschreiben konnte (vgl. 5. Mo 31, 9). – Gott sprach aus dem Zelte der Zusammenkunft, aber auch auf dem Berge Sinai (s. Kap. 25, 1). So konnte Mose alles aufschreiben und es dem Volke Israel mitteilen (vgl. Jos 1, 7–8).

Der Herr Jesus bezeugte die Tatsache, daß Mose der Verfasser des 3. Buches Mose war, in Matthäus 8, 4 (vgl. 3. Mose 13, 49; 14, 2–32).

2. Zweck der Niederschrift

Das 3. Buch Mose (Leviticus: Levitenbuch) ist das Buch der Gemeinschaft. Im 2. Buch Mose hat Gott Sein Volk errettet und sich mit ihm verbunden. Im 3. Buch Mose werden die Grundsätze des Nahens zu Gott dargestellt. Daher spricht Jehova hier in erster Linie aus dem Zelte der Zusammenkunft (Kap. 1, 1).

In den ersten sieben Kapiteln finden wir die Opfer, die das Volk Israel Gott darbringen sollte. Sie sind der Ausdruck der Gemeinschaft in der Anbetung aufgrund der Sühnung. Danach folgt in Kapitel 8–10 die Weihe der Priester, die ja die Mittler dieser Gemeinschaft waren. In Kapitel 11–15 werden die Hindernisse der Gemeinschaft behandelt. Das Herzstück des Buches ist der große Versöhnungstag in Kapitel 16, der im Hebräerbrief (Kap. 9–10) als Typus des ein für allemal geschehenen Opfers Christi erklärt wird. Weitere Anordnungen für die praktische Reinheit des Volkes Israel folgen in den Kapiteln 17–22. In Kapitel 23 werden die sieben israelitischen Feiertage beschrieben, die eine geistliche und prophetische Bedeutung haben. Anschließend folgen Vorschriften über die Stiftshütte, über die Handhabung der Strafgesetze und das Sabbatjahr sowie das Jubeljahr, alles mit prophetischer Bedeutung (Kap. 24–26). Mit einem Anhang über Gelübde und gottgeheiligte Dinge in Kapitel 27 schließt das Buch.

Dem 3. Buch Mose entspricht im NT der Hebräerbrief, dessen Thema ebenfalls das Nahen des Menschen zu Gott ist.

3. Besonderheiten

Die Opfer

Für viele Bibelleser ist der alttestamentliche Opferdienst schwer verständlich. Aber schon Adam und Eva stellte Gott selbst diesen Gedanken vor, indem Er sie mit Röcken von Fell bekleidete (1. Mo 3, 21). Dadurch zeigte Er ihnen, daß sie ihre schuldhafte Blöße nicht mit eigenen Anstrengungen bedecken konnten, sondern nur dadurch, daß ein Tier stellvertretend für sie starb.

Im 3. Buch Mose zeigt Gott Seinem Volk Israel, daß das Blut des Opfertieres, das Zeichen der Hingabe des Lebens, der einzige Weg zur Sühnung begangener Sünden ist (3. Mo 17, 11). Der Opferdienst spielte daher im Leben des Volkes Israel eine bedeutsame Rolle. Es sind zwei Arten von Opfern zu unterscheiden:

– Einerseits die zu bestimmten Zeiten wiederkehrenden Opfer. Sie sind Bilder von verschiedenen Aspekten des Werkes Christi am Kreuz (z.B. das Passahopfer, 1. Kor 5, 7; der große Versöhnungstag, Heb 9, 6–12).

– Andererseits gab es Opfer, die von den einzelnen Israeliten persönlich dargebracht werden konnten, und zwar entweder freiwillig, wie die Brand-, Speis- und Friedensopfer in 3. Mose 1–3, oder, wenn sie gesündigt hatten, die Sünd- und Schuldopfer (3. Mo 4–5). Hier gab es verschiedene Abstufungen, die anzeigen, daß es sich bei diesen Opfern um ein Bild des persönlichen Verständnisses des Opfers Christi handelt. So werden auch die Christen aufgefordert, Gott geistliche und materielle Opfer und sogar sich selbst als Opfer darzubringen; alles dies ist Gott jedoch nur aufgrund des Opfers Christi wohlgefällig (vgl. 1. Pet 2, 5; Phil 4,18; Röm 12, 1).

4. Inhaltsübersicht

I. 3. Mose 1–7: Die fünf Arten des Opfers

Kapitel 1	Das Brandopfer (1. Pet 2, 5)
Kapitel 2	Das Speisopfer
Kapitel 3	Das Friedensopfer (1. Kor 10, 16–18)
Kapitel 4	Das Sündopfer (1. Joh 2, 1–2)
Kapitel 5	Das Schuldopfer
Kapitel 6	Die Gesetze für Brand; Speis- und Sündopfer
Kapitel 7	Die Gesetze für Schuld- und Friedensopfer

II. 3. Mose 8–10: Weihe und Heiligkeit der Priester

Kapitel 8	Die Priesterweihung (1. Pet 2, 5. 9; Off 1, 6)
Kapitel 9	Der 8. Tag der Priesterweihung
Kapitel 10	Die Sünde Nadabs und Abihus

III. 3. Mose 11–15: Reinheitsgesetze für das Volk Israel

Kapitel 11	Reine Speisen
Kapitel 12	Reinheit im Kindbett
Kapitel 13–14	Der Aussatz
Kapitel 15	Unreinheit bei Mann oder Frau (2. Kor 7, 1–2)

IV. 3. Mose 16: Der große Versöhnungstag (Heb 9–10)

V. 3. Mose 17–22: Praktische Reinheit und Heiligkeit

Kapitel 17	Der Wert des Blutes (1. Pet 1, 19)
Kapitel 18	Sittliche Unreinheit
Kapitel 19–20	Verschiedene Vorschriften zur Heiligkeit
Kapitel 21–22	Stellung und Zustand der Priester

VI. 3. Mose 23: Die Feste Jehovas

VII. 3. Mose 24–27: Die Heiligkeit des Volkes Gottes

Kapitel 24	Der Leuchter im Heiligtum; Lästerung im Volke Gottes
Kapitel 25	Das Sabbatjahr und das Jubeljahr
Kapitel 26	Gehorsam und Ungehorsam
Kapitel 27	Gelübde und geheiligte Dinge

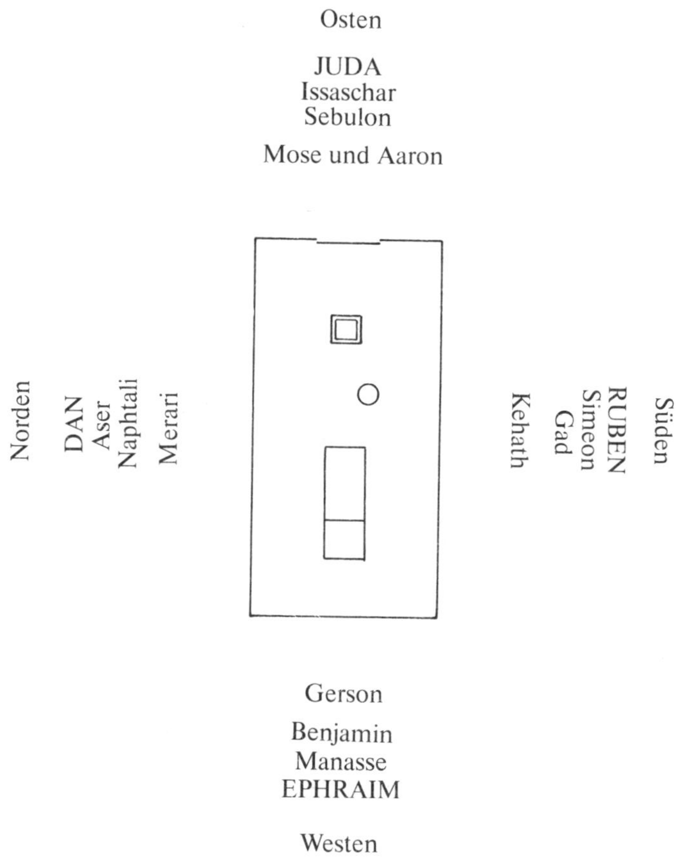

Die Ordnung des Lagers Israels in der Wüste (4. Mose 2-3)

Das 4. Buch Mose (Numeri)

36 Kapitel

1. Verfasser und Entstehungszeit

Ebenso wie das dritte schließt auch das vierte unmittelbar an das 2. Buch Mose an. Es beginnt damit, daß Jehova am ersten Tage des zweiten Monats des zweiten Jahres nach dem Auszug aus Ägypten zu Mose spricht (vgl. dazu 2. Mo 40, 17).

Der Herr Jesus schließt das 4. Buch Mose in Seine Worte ein, wenn Er den Jüngern aus „dem Gesetz Moses und den Propheten und Psalmen" erklärte, was über Ihn geschrieben stand (Lk 24, 44).

2. Zweck der Niederschrift

Im 4. Buch Mose (Numeri: „Zahlen", „Zählung") wird die Geschichte Israels während der vierzigjährigen Wüstenwanderung von Ägypten nach Kanaan beschrieben. Es ist eine traurige Geschichte fortwährenden Versagens. Die lange Zeit von 40 Jahren war Gottes Strafe für den Ungehorsam Seines Volkes und entsprach nicht Seinem Ratschluß.

Die Wüstenwanderung Israels wird im NT als warnendes Beispiel für die Christen erklärt (1. Kor 10, 1–22; Heb 34). Die Wüste ist ein Bild der irdischen Umstände, in denen der Glaube geprüft wird.

Die Leviten und ihr Dienst spielen in diesem Buch eine wichtige Rolle. Dies soll uns zeigen, daß auch der Christ dafür verantwortlich ist, das Zeugnis von Christus, seinem Herrn, in der Welt zu offenbaren.

Nachdem Israel am Sinai das Gesetz empfangen hatte, erfolgte zuerst eine Volkszählung, die am Ende der Reise wiederholt wurde

(Kap. 1 und 26). Vorschriften über Dienst und Weihe der Leviten sowie des Nasiräers gehen der Beschreibung des Aufbruches des Volkes voraus (Kap. 1–10). Schon nach kurzer Zeit gelangt das Volk an die Südgrenze Kanaans, von wo die zwölf Kundschafter ausgesandt werden. Zehn von ihnen haben jedoch so wenig Glauben, daß sie das Volk mutlos und aufrührerisch machen. Gottes strafende Antwort lautet: Das Volk muß weitere 38 Jahre in der Wüste umherziehen, bis alle, die aus Ägypten gezogen sind (außer Josua und Kaleb), gestorben sind (Kap. 13–14). Es folgt der Aufruhr des Leviten Korah und seiner Genossen (Kap. 16–17), das Versagen von Mose und Aaron (Kap. 20), erneutes Murren des Volkes und die Schlangenplage, bei der Mose die eherne Schlange errichten muß (Kap. 21), die der Herr Jesus in Johannes 3, 15 als Sinnbild Seines Kreuzestodes bezeichnet. Jetzt kommt Israel mit den Feinden in Berührung, erst in Gestalt des Zauberers Bileam (Kap. 22–25), der auf Wunsch der Moabiter Israel verfluchen soll, es jedoch segnen muß. Verschiedene Völker im Ostjordanland werden danach besiegt, bis Israel schließlich am Ende des 4. Buches Mose am Ufer des Grenzflusses Jordan angelangt ist.

Das 4. Buch Mose findet seine Entsprechung im NT in den Briefen an die Korinther, die die Ordnung und den Wandel der Versammlung Gottes beschreiben.

3. Besonderheiten

a) Von der nahezu vierzigjährigen Wanderschaft des Volkes Israel wird nur wenig berichtet. In Kapitel 10, 11 bricht das Lager zum ersten Mal auf, und zwar am zwanzigsten Tage des zweiten Monats des zweiten Jahres nach dem Auszug aus Ägypten. In Kapitel 20, 1 wird bereits vom vierzigsten Jahre berichtet (vgl. Aarons Tod in Kap. 20, 28 mit Kap. 33, 38).

Verschiedene schwere Sünden einzelner oder des ganzen Volkes werden berichtet:

- das Klagen des Volkes (Kap. 11, 1–2)
- das Murren des Mischvolkes wegen des Mannas (Kap. 11, 4–9)

– das üble Reden Mirijams und Aarons gegen Mose (Kap. 12, 1–16)
– das böse Gerücht der zehn Kundschafter über Kanaan (Kap.13, 31–14, 10)
– der Aufstand Korahs gegen Mose (Kap. 16)
– das Murren des Volkes bei Meriba (Kap. 20)
– die eherne Schlange (Kap. 21)
– die Hurerei mit Moab (Kap. 25).

b) Die Gesetzesvorschriften im 4. Buch Mose stehen im Zusammenhang mit der Wüstenwanderung und dem Versagen des Volkes, zum Beispiel:

– Das Gesetz des Nasiräers (Kap. 6) zeigt den Wunsch nach völliger Hingabe an Gott inmitten eines Volkes, das von Gott abgewichen war.

– Das Reinigungswasser (oder das Opfer der jungen roten Kuh, Kap. 19) ist nötig, weil der Mensch ständig in Gefahr steht, sich zu verunreinigen.

4. Inhaltsübersicht

I. 4. Mose 1, 1 – 10, 10: Das Lager des Volkes Israel am Sinai

Kapitel 1	Zählung des Volkes Israel
Kapitel 2	Lager- und Marschordnung des Volkes Israel
Kapitel 3	Absonderung und Musterung des Stammes Levi
Kapitel 4	Dienstanweisung für die Leviten
Kapitel 5	Gesetze über Unreinheit, Schuld und die untreue Ehefrau
Kapitel 6	Das Gesetz des Nasiräers
Kapitel 7	Die Einweihungsgaben der zwölf Fürsten Israels für die Stiftshütte
Kapitel 8	Das Licht des Heiligtums und die Weihe der Leviten
Kapitel 9	Das Passah in der Wüste; die Wolke als Führer des Volkes
Kapitel 10, 1–10	Die beiden silbernen Trompeten

II. 4. Mose 10, 11 – 20, 29: Die 38 Jahre der Wüstenwanderung

Kapitel 10, 11–36	Der erste Aufbruch des Lagers
Kapitel 11	Israels Murren über das Manna und Gottes Strafe; Einsetzung der 70 Ältesten
Kapitel 12	Mirjams Aussatz wegen ihres Redens wider Mose
Kapitel 13	Aussendung der 12 Kundschafter
Kapitel 14	Murren des Volkes und Strafe Gottes: die vierzigjährige Wanderung
Kapitel 15	Verschiedene Gesetze: Opfervorschriften für Kanaan; der Sabbatbrecher; die Schnur von blauem Purpur
Kapitel 16	Der Aufstand Korahs und seine Strafe (vgl. Jud 11)
Kapitel 17	Aaron als Hoherpriester bestätigt
Kapitel 18	Die Stellung des Priestertums in Israel
Kapitel 19	Das Gesetz der roten jungen Kuh oder das Wasser der Reinigung
Kapitel 20	Mose versündigt sich; Mirjam und Aaron sterben

III. 4. Mose 21–32: Der Aufenthalt am Jordan

Kapitel 21	Die eherne Schlange (vgl. Joh 3, 14); Sieg über Sihon und Og
Kapitel 22	Balak ruft Bileam, um Israel zu verfluchen
Kapitel 23	Die vier Segenssprüche Bileams über Israel
Kapitel 24	Israels Hurerei und Götzendienst und Pinehas' Eifer für Jehova
Kapitel 25	Die zweite Zählung des Volkes Israel
Kapitel 26	Die Töchter Zelophchads; Josua zum Nachfolger Moses berufen
Kapitel 28–29	Die Opfer bei den Festen Jehovas
Kapitel 30	Gesetze über Gelübde
Kapitel 31	Die Rache an Midian
Kapitel 32	Die zweieinhalb Stämme (Ruben, Gad, Manasse) jenseits des Jordan

IV. 4. Mose 33–36: Rückblick und Vorausschau

Kapitel 33	Die Wanderroute des Volkes Israel
Kapitel 34	Die Grenzen des Landes Kanaan
Kapitel 35	Die Levitenstädte und die Zufluchtsstädte
Kapitel 36	Die Töchter Zelophchads und das Erbrecht der Frauen

Das 5. Buch Mose (Deuteronomium)

34 Kapitel

1. Verfasser und Entstehungszeit

Das 5. Buch Mose ist das letzte Buch des Pentateuch (griech. „Fünfbuch") oder der Thora (hebr. „Gesetz"). Die Einheit der fünf Bücher Mose und die Tatsache, daß Mose der Verfasser ist, ist seit dem 19. Jahrhundert oft bestritten worden. Die Kritik richtet sich besonders gegen das 5. Buch Mose, das angeblich erst zur Zeit Josias oder noch später geschrieben worden sein soll.

Davon ausgehend, daß „alle Schrift von Gott eingegeben" ist (2. Tim 3, 16), sehen wir im AT wie im NT, daß Mose als Verfasser betrachtet und damit das Alter des 5. Buches Mose bestätigt wird. In 5. Mose 31, 9. 24–26 wird bezeugt, daß Mose es schrieb und es den Leviten zur Aufbewahrung gab. In Josua 8, 32–35 wird ausdrücklich auf 5. Mose 27, 8–12 als Gebote Moses, des Knechtes Jehovas, Bezug genommen. Wenn in 2. Chronika 34, 14 und Nehemia 8, 1 das Buch des Gesetzes (Thora) Moses erwähnt wird, ist darin auch das 5. Buch Mose eingeschlossen.

Im NT berufen sich die Pharisäer in Matthäus 19, 7 auf 5. Mose 24, 1 mit den Worten: „Warum hat denn Mose geboten … ?" Der Herr Jesus bestätigt dann im folgenden Vers, daß das Gebot durch Mose gegeben worden war. An folgenden weiteren Stellen des NT wird Mose als Verfasser des 5. Buches Mose erwähnt: Matthäus 22, 24 (5. Mose 25, 5); Apostelgeschichte 3, 22; 7, 37 (5. Mose 18, 15–16); Hebräer 12, 21 (5. Mose 9, 19). Manchmal wird die Frage gestellt, wer der Verfasser von 5. Mose 34 sei, wo Moses Tod und Begräbnis beschrieben werden. Wahrscheinlich war es Josua, der Freund und Nachfolger Moses (5. Mo 34, 9), der unter der Leitung und Inspiration des Heiligen Geistes dem ganzen Werk seines Vorgängers diesen kurzen Anhang hinzufügte.

Die Ereignisse im 5. Buch Mose spielen sich in der Zeit vom ersten Tag des elften Monats des vierzigsten Jahres nach dem Auszug aus Ägypten ab (5. Mose 1, 3). Der Ort des Geschehens sind die „Ebenen Moabs“ auf der Ostseite des Jordans.

2. Zweck der Niederschrift

Der Name *Deuteronomium* für das 5. Buch Mose bedeutet „zweites Gesetz“. Aber das Buch ist mehr als nur eine Wiederholung der im 2. bis 4. Buch Mose enthaltenen Gebote, die Gott dem Volke Israel am Sinai gegeben hatte. Zwar lebten von der Generation derer, die beim Auszug aus Ägypten älter als 20 Jahre gewesen waren, außer Mose selbst nur noch Josua und Kaleb (4. Mose 14, 29–30). Daher war eine erneute Wiederholung des Gesetzes vor dem ganzen Volke nach so langer Zeit durchaus angebracht und nötig. Der Hauptzweck des Buches ist jedoch die Vorbereitung des Volkes Israel auf den Durchzug durch den Jordan und den Einzug in das von Gott verheißene Land Kanaan. Das Thema des 2. und 3. Buches Mose war die Begegnung mit Gott in Seinem Heiligtum. Der Zweck des 5. Buches Mose ist die Vorbereitung des Volkes auf den Besitz der Segnungen, die Jehova ihm im Lande schenken wollte. Daher spielt der Gehorsam in diesem Buch eine sehr wichtige Rolle. Gehorsam gegenüber den Geboten Gottes führt zum Segen, Ungehorsam zieht Fluch und Gericht nach sich.

Seine Entsprechung im NT findet das 5. Buch Mose im Brief an die Philipper. So wie das Volk Israel noch in der Wüste auf die Segnungen des Landes Kanaan hingewiesen wurde, war Paulus schon hier auf der Erde mit Christus, dem Herrn, in der Herrlichkeit beschäftigt.

3. Besonderheiten

a) Im NT finden sich über dreißig wörtliche Zitate aus dem 5. Buch Mose sowie viele Anspielungen auf Tatsachen, die nur in diesem Buch beschrieben werden. Nach den Psalmen und dem

Propheten Jesaja gehört das 5. Buch Mose zu den am meisten angeführten Büchern des AT.

b) Die Worte: „Der Ort, den Jehova erwählen wird“, für die Stätte der Anbetung, kommt ab Kapitel 12, 5 insgesamt 21mal vor. Dieser Ort war Jerusalem, obwohl der Name der Stadt in den fünf Büchern Mose nicht vorkommt. Es sollte noch über vierhundert Jahre dauern, bis David und Salomo diesen Platz der Anbetung Gottes fanden und zubereiteten (vgl. 1. Chr 21, 30; 22,1; Kap. 28).

c) Als der Her Jesus vom Satan in der Wüste versucht wurde, antwortete Er ihm dreimal mit den Worten: „Es steht geschrieben“ (Mt 4, 4.7.10). Jedesmal führte Er einen Vers aus dem 5. Buch Mose an (5. Mo 8, 3; 6, 16; 6, 13). Dies sind göttliche Beweise für die Authentizität des 5. Buches Mose.

4. Inhaltsübersicht

I. 5. Mose 1–4: Erste (geschichtliche) Rede Moses

Kapitel 1	Rückblick auf die Wüstenwanderung (vom Sinai bis Kades)
Kapitel 2	Rückblick auf die Wüstenwanderung (von Kades bis zum Sieg über Sihon)
Kapitel 3	Rückblick auf die Ereignisse jenseits des Jordan
Kapitel 4	Ernste Ermahnungen Moses an das Volk

II. 5. Mose 5–26: Zweite (rechtliche) Rede Moses

Kapitel 5	Wiederholung der 10 Gebote
Kapitel 6	„Höre, Israel“
Kapitel 7	Absonderung von den Kanaanitern
Kapitel 8	Die Lektionen der Wüstenreise
Kapitel 9	Erinnerung an das goldene Kalb
Kapitel 10	Erinnerung an das zweite Gesetz und Aufforderung zum Gehorsam
Kapitel 11	Gehorsam als Voraussetzung für Gottes Segen

Kapitel 12	Der Ort der Anbetung Gottes in Kanaan
Kapitel 13	Behandlung des Götzendienstes im Volk Israel
Kapitel 14	Reine Speisen; Abgabe des Zehnten
Kapitel 15	Das Sabbatjahr
Kapitel 16	Die drei Hauptfeste Israels
Kapitel 17	Das Gesetz für den König
Kapitel 18	Die Priester und der Prophet
Kapitel 19	Die Gnade für den Totschläger
Kapitel 20	Gesetze für den Krieg
Kapitel 21	Blutschuld und Familienrecht
Kapitel 22	Warnung vor Vermischung und Unreinheit
Kapitel 23	Reinheit als Vorbedingung der Gemeinschaft des Volkes mit Gott
Kapitel 24	Verschiedene Gesetze zur Unterdrückung der menschlichen Bosheit
Kapitel 25	Die Darbringung der Erstlinge und des Zehnten

III. 5. Mose 27–30: Dritte (prophetische) Rede Moses

Kapitel 27	Gerisim und Ebal: Segen und Fluch
Kapitel 28	Gottes Regierung: Gehorsam bringt Segen, Ungehorsam bringt Fluch
Kapitel 29	Mose redet zum Gewissen des Volkes
Kapitel 30	Voraussage der Buße und Umkehr des Volkes

IV. 5. Mose 31–34: Schlußreden und Tod Moses

Kapitel 31	Beauftragung Josuas und Übergabe des Gesetzes
Kapitel 32	Das Lied Moses
Kapitel 33	Mose segnet die zwölf Stämme Israels
Kapitel 34	Moses Tod

Das Buch Josua

24 Kapitel

1. Verfasser und Entstehungszeit

An keiner Stelle wird erwähnt, daß Josua der Verfasser des gleichnamigen Buches ist. Seit alter Zeit haben jedoch die Juden Josua als den Schreiber betrachtet. Der Talmud sagt, daß Josua das ganze Buch geschrieben habe bis auf die letzten Verse (Jos 24, 29–33), die von Pinehas hinzugefügt worden seien.

In Josua 24, 26 heißt es: „Und Josua schrieb diese Worte in das Buch des Gesetzes Gottes", das heißt, er schrieb ein Dokument, das er dem Gesetzbuch hinzufügte, das Mose dem Volke gegeben hatte. Dieser Hinweis sowie die Tatsache, daß viele Begebenheiten die Kennzeichen der Schilderung eines Augenzeugen tragen, unterstreichen die Gewißheit der Verfasserschaft Josuas (vgl. Jos 6, 25 und 15, 63).

Josua (sein Name bedeutet: „Jehova ist Rettung") war bestens dazu geeignet, der Nachfolger Moses im Lande Kanaan zu werden. Schon als junger Mann hatte er ihm zur Seite gestanden, hatte den Kampf gegen Amalek geführt (2. Mo 17, 9), war mit Mose auf dem Horeb (2. Mo 24, 13), zog als einer der zwölf Kundschafter mit nach Kanaan (4. Mo 13) und wurde schließlich auf Befehl Gottes zum Nachfolger Moses berufen (4. Mo 27, 18ff; 5. Mo 31, 1–8).

Das Buch Josua beschreibt die Zeit vom Einzug in das Land Kanaan (um 1406 v. Chr.) bis zum Tode Josuas ungefähr zehn Jahre später.

2. Zweck der Niederschrift

Das Buch Josua schildert den Durchzug des Volkes Israel durch den Jordan, sodann die Besiegung der Kanaaniter und die Verteilung des Landes unter die zwölf Stämme. Israel empfing das „gelobte" (das heißt das verheißene oder versprochene) Land aufgrund der Zusage Gottes an Abraham (1. Mo 13, 14–17; 15, 7. 16). Aber das Volk benötigte dazu Glaubensgehorsam und -kraft.

Bildlich sehen wir in dieser Geschichte, wie die Gläubigen in der Kraft des Heiligen Geistes sich die Segnungen Gottes zu eigen machen. Im Jordan sehen wir nicht nur wie im Schilfmeer ein Bild des Todes und der Auferstehung Christi *für* den Gläubigen, sondern auch seiner Auferweckung *mit* Christus (Eph 2,6; Kol 3,1). Das Land Kanaan ist ein Bild der geistlichen Segnungen in den himmlischen Örtern (Eph 1, 3). Daher sind die Kriege Israels mit den heidnischen Kanaanitern ein Bild des Kampfes des Christen gegen die geistlichen Mächte der Bosheit in den himmlischen Örtern (Eph 6, 12).

Hieraus geht deutlich hervor, daß die Entsprechung des Buches Josua im NT der Brief an die Epheser ist.

3. Besonderheiten

a) Die Ausrottung der Kanaaniter

Manchen Bibellesern bereitet der generelle Befehl Jehovas an Israel zur Ausrottung aller Kanaaniter Schwierigkeiten, da dieser Auftrag grausam und unbegreiflich erscheint. Schon in 1. Mose 15, 16 hatte Gott jedoch zu Abraham gesagt: „Die Ungerechtigkeit der Amoriter ist bis hierher noch nicht voll". Die Amoriter waren eines der Hauptvölker Kanaans. Der Götzendienst der Kanaaniter mit ihren Gottheiten Baal („Herr"), Moloch („König") und Astaroth („Gemahlin") war mit furchtbaren sittlichen Ausschreitungen, wie Kindesopfer und Prostitution, verbunden. Trotzdem ließ Gott noch über vier Jahrhunderte Gnade gegen diese Völker walten. Als aber Israel in Kanaan einzog, war die Vernichtung dieser götzendienerischen Völker eine notwendige geistliche Aufgabe. Einmal benutzte Gott Israel dazu, die Gottlosigkeit dieser Nationen zu bestrafen (vgl. 5.Mo 9, 4–5; 18, 10–12). Israel wurde das Werkzeug in der Hand Gottes zur Erfüllung Seiner sittlichen Ziele (auch Sodom und Gomorra waren einst aus dem gleichen Grunde von Gott vernichtet worden, allerdings ohne menschliches Eingreifen). Andererseits konnte nur so das Volk Gottes vor der Übernahme dieser sündigen Gewohnheiten bewahrt und rein erhalten werden. Leider führte der Ungehorsam Israels in dieser Angelegenheit dazu, daß der Götzendienst auch bei dem Volke Gottes Eingang fand. – Auch der Christ wird aufgefordert, alles Böse aus seinem Leben auszurotten (1. Kor 5, 7; 2. Kor 7, 1; Kol 3, 5; 2. Tim 2, 21).

b) Der lange Tag in Josua 10, 7–14

Bei dem Kampf gegen die Amoriter ließ Jehova auf Bitten Josuas Sonne und Mond einen Tag stillstehen, bis Josua die Feinde besiegt hatte. Gleichzeitig fielen große Hagelsteine vom Himmel. Verschiedene Erklärungen für dieses Wunder sind abgegeben worden:

– Einige Ausleger denken zu Unrecht an eine nur scheinbare Verlängerung eines Tages, an dem die Israeliten, die ja keine Uhren besaßen, eine Leistung vollbrachten, für die sie sonst längere Zeit gebraucht hätten. Dann wäre das Wunder nur psychologischer Natur gewesen, wobei ein Hagelgewitter den Israeliten zu Hilfe kam.

– Es gibt alte Berichte aus China, Indien und Ägypten, in denen von einem besonders langen Tag die Rede ist, und in Sagen der südamerikanischen Indianer wird von einer außergewöhnlich langen Nacht gesprochen. Wenn der Hagel tatsächlich aus Steinen bestand, könnte man an eine kosmische Katastrophe denken, durch die die Umdrehung der Erde verlangsamt oder geändert wurde, so daß es einen Tag gab, an dem die Sonne länger schien als sonst (während es auf der anderen Hälfte des Erdballes Nacht war).

Für den an die Inspiration des ganzen Wortes Gottes Glaubenden steht es völlig außer Frage, daß Gott dieses Wunder getan hat. Es ist Unglaube, zu denken, der Schöpfer und Erhalter aller Dinge wäre nicht imstande, ein solches Wunder – denn das war es – zu vollbringen. „Alles, was Jehova wohlgefällt, tut er in den Himmeln und auf der Erde“ (Ps 135, 6).

c) Gilgal

Ein bemerkenswertes Kennzeichen des Buches Josua ist die beständige Rückkehr des Volkes nach Gilgal, dem Orte der Beschneidung. Bei der Beschneidung im Lande Kanaan wurde die Schande Ägyptens von Israel abgewälzt. Im NT wird die geistliche Bedeutung der Beschneidung für den Christen in Philipper 3, 3 und Kolosser 3, 5–11 erklärt. Die Rückkehr nach Gilgal ist die täglich neue praktische Verwirklichung der Tatsache, daß das sündige Fleisch bei dem mit Christus auferweckten Gläubigen keine Existenzberechtigung mehr besitzt. Siehe Josua 5, 1–10; 9, 6; 10, 6.7.9.15.43; 14, 6.

4. Inhaltsübersicht

I. Josua 1–12: Die Einnahme des Landes Kanaan

1. Kapitel 1–5	Der Zug durch den Jordan
Kap. 1	Josua, der neue Führer Israels
Kap. 2	Rahab und die beiden Kundschafter
Kap. 3	Die Überquerung des Jordan
Kap. 4	Die Aufrichtung der Gedenksteine
Kap. 5	Die Beschneidung in Gilgal und die Passahfeier

2. Kapitel 6–12	Die Eroberung des Landes Kanaan
Kap. 6	Die Einnahme Jerichos
Kap. 7	Die Sünde des Achan und ihre Folgen
Kap. 8	Der Sieg über Ai; der Altar auf dem Berg Ebal
Kap. 9	Die List der Gibeoniter
Kap. 10	Die Besiegung der Könige im Süden Kanaans

Kap. 11	Die Besiegung der Könige im Norden Kanaans
Kap. 12	Die Aufzählung der besiegten Könige beiderseits des Jordan

II. Josua 13–22: Die Verteilung des Landes Kanaan unter die zwölf Stämme

Kapitel 13	Gottes Auftrag und die zweieinhalb Stämme
Kapitel 14	Kaleb erhält Hebron zum Erbteil
Kapitel 15	Das Erbteil des Stammes Juda
Kapitel 16–17	Das Erbteil der Söhne Josephs (Ephraim und Manasse)
Kapitel 18	Aufrichtung der Stiftshütte zu Silo; das Erbteil Benjamins
Kapitel 19	Das Erbteil Simeons, Sebulons, Issaschars, Asers, Napthalis und Dans
Kapitel 20	Die sechs Zufluchtsstädte für den Totschläger
Kapitel 21	Die achtundvierzig Städte für die Leviten
Kapitel 22	Rückkehr der zweieinhalb Stämme und der Altar jenseits des Jordan

III. Josua 23–24: Josuas Lebensende

Kapitel 23	Josuas Ermahnung an die Stammeshäupter
Kapitel 24	Josuas Bund mit dem Volke in Sichem und sein Tod

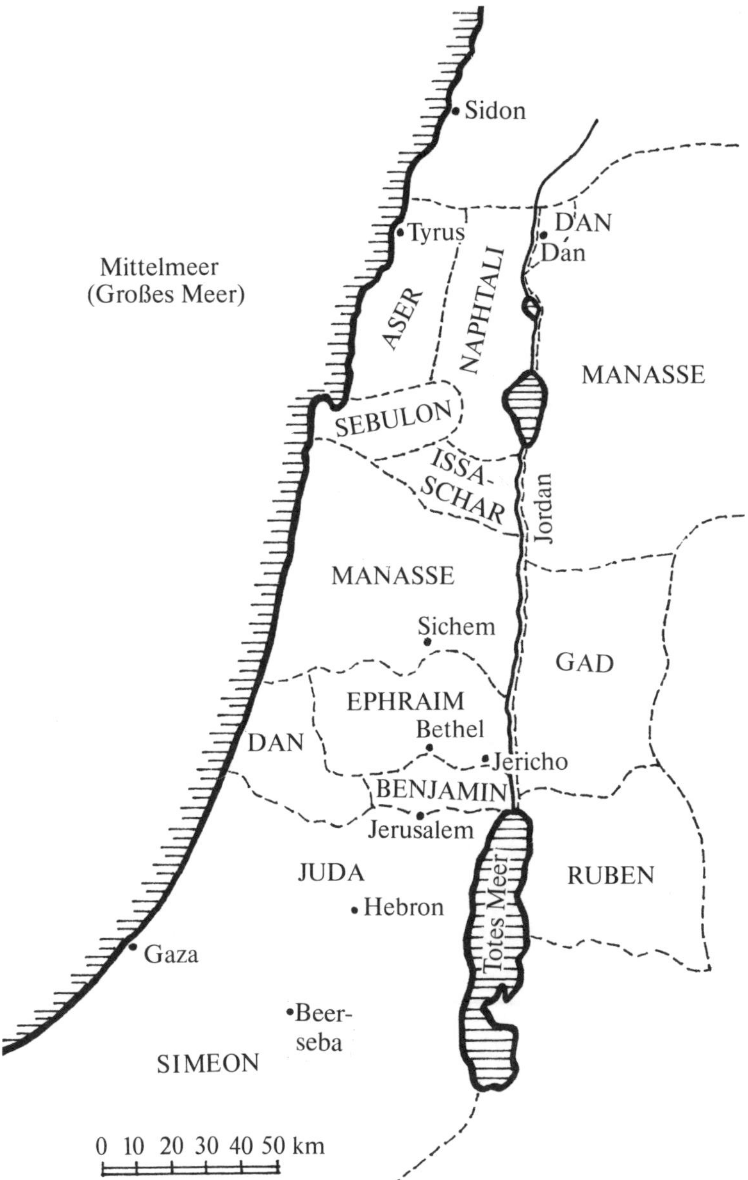

Die Wohnsitze der zwölf Stämme Israels in Kanaan

Das Buch der Richter

21 Kapitel

1. Verfasser und Entstehungszeit

Wie bei vielen anderen Büchern des AT wird auch im Buch der Richter der Verfasser nicht genannt. Nach der alten jüdischen Überlieferung war es Samuel, der Prophet, der zur Zeit Sauls und Davids um das Jahr 1000 v. Chr. lebte.

Das Buch der Richter beschreibt die Zeit nach dem Tode Josuas (Ri 1, 1; 2, 8) bis zum Ende Simsons (Ri 16, 31).

Folgende Angaben im Buche der Richter weisen auf seine Entstehung zu Anfang des Königtums unter Saul hin:

– In Kapitel 1, 21 heißt es: „Die Jebusiter haben bei den Kindern Benjamins in Jerusalem gewohnt bis auf diesen Tag". Nach 2. Samuel 5, 6--8 eroberte erst David Jerusalem. Richter 1, 21 muß demnach wohl vorher geschrieben worden sein.

– Die mehrfache Erwähnung der Tatsache, daß in jenen Tagen kein König in Israel war (Ri 17, 6; 18, 1; 19, 1; 21, 25) weist auf eine Niederschrift während der Anfangszeit der Könige von Israel hin.

2. Zweck der Niederschrift

Nachdem Josua gestorben war, zeigte sich zunehmend das Versagen des Volkes Israel darin, daß es Gottes Gebote nicht erfüllte, die Kanaaniter nicht ausrottete und mehr und mehr von Jehova abfiel, indem es sogar den Götzendienst der Kanaaniter übernahm. Die Einheit des Volkes Israel litt darunter. Gott strafte die Stämme Israels dadurch, daß Er sie von ihren Feinden unterjochen ließ. Aber auf ihr Rufen sandte Er ihnen zwölf Richter und

Befreier. Auch diese offenbarten jedoch immer mehr ihr Versagen.

Das Buch der Richter ist ein Buch des menschlichen Versagens, aber auch der Erweckungen und Rettungen Gottes. Das Buch Josua beschreibt typologisch die Segnungen des Volkes Gottes und ihre Besitzergreifung. Im Buch der Richter wird der erste Niedergang dieses Volkes beschrieben. So ist auch die Kirche nach anfänglicher kurzer Blüte schnell durch Sünden und Irrtümer in Verfall geraten, obwohl Gott auch zu ihr oft „Befreier" gesandt hat, die eine kurze geistliche Erweckung bewirkten.

3. Besonderheiten

a) Sieben Zeiten des Niedergangs und der Rettung

– Kapitel 3,8–11:	Bedrückung durch Kuschan-Rischathaim und Rettung durch Othniel
– Kapitel 3,12–31:	Ehud und Schamgar befreien Israel von den Moabitern und Philistern
– Kapitel 4–5:	Debora und Barak besiegen Jabin
– Kapitel 6,1 – 8,32:	Gideon schlägt Midian
– Kapitel 8,33 – 10,5:	Tola und Jair
– Kapitel 10,6 – 12,15:	Jephtha, Ibzan, Elon und Abdon
– Kapitel 13–16:	Simson und die Philister

b) Zeitabschnitte von vierzig Jahren (= Zeiten der Erprobung)

– vierzig Jahre Ruhe unter Othniel (Kap. 3, 11)
– achtzig (2 x 40) Jahre Ruhe unter Ehud (Kap. 3, 30)
– vierzig Jahre Ruhe unter Debora (Kap. 5, 31)
– vierzig Jahre Ruhe unter Gideon (Kap. 8, 28)
– vierzig Jahre Not unter den Philistern (Kap. 13, 1)

(dazu kommen noch vierzig Jahre des Verfalls unter Eli; 1. Sam 4, 18).

c) Die Chronologie der Richterzeit

Die verschiedenen Zeitangaben über die Periode der Richter lassen sich am besten folgendermaßen erklären:

– Die Zeitangaben im Buch der Richter dürfen wohl nicht einfach addiert werden, da manche Ereignisse parallel verliefen (vgl. Ri 10, 7–9 und 13, 1).
– Zur Zeit Jephthas befand Israel sich bereits ca. dreihundert Jahre in Hesbon jenseits des Jordan (Ri 11, 26).
– Die Zeitangabe von 480 Jahren in 1. Könige 6, 1 beginnt beim Auszug aus Ägypten und endet im vierten Jahre der Regierung Salomos. Zieht man davon ab die vierzig Jahre der Wüstenwanderung, die Zeit Josuas und die Regierungszeiten Sauls und Davids (je vierzig Jahre), dann verbleiben für die Richterzeit knapp 350 Jahre.
– Die 450 Jahre in Apostelgeschichte 13, 19–20 beziehen sich nach Ausweis der besten Handschriften des NT nicht auf die Richterzeit, sondern auf die Zeit davor. Das griechische NT (Nestle-Aland, 26. Aufl.) hat hier den folgenden Wortlaut: „Und nachdem er sieben Nationen im Lande Kanaan vertilgt hatte, ließ er sie deren Land erben, in ungefähr 450 Jahren. Und nach diesem gab er Richter bis auf Samuel, den Propheten. Das bedeutet, daß die Periode von 450 Jahren beim Beginn der Richterzeit endete, also in der Patriarchenzeit begann. Eine andere Möglichkeit ist, daß diese Zeit von ungefähr 450 Jahren beim Auszug aus Ägypten begann und mit dem Leben Samuels endete.

4. Inhaltsübersicht

I. Richter 1,1 – 3,7: Einleitung – Das Versagen Israels nach Josuas Tod

Kapitel 1	Israels zunehmende Schwachheit im Kampf gegen die Kanaaniter
Kapitel 2	Israels Abfall nach dem Tode Josuas
Kapitel 3, 1–7:	Vermischung Israels mit den Kanaanitern

II. Richter 3,8 – 16,31:	*Hauptteil – Sieben Unterdrückungen und Befreiungen*
Kapitel 3,8–11	Bedrückung durch Kuschan-Rischathaim und Rettung durch Othniel
Kapitel 3,12–31	Ehud und Schamgar befreien Israel von den Moabitern und Philistern
Kapitel 4–5	Debora (mit Barak) erringt den Sieg über Jabin
Kapitel 6,1 – 8,32	Gideon besiegt die Midianiter
Kapitel 8,33 – 10,5	Abimelechs Gewaltherrschaft; Tola und Jair
Kapitel 10,6– 12,15	Jephtha schlägt die Ammoniter; Ibzan, Elon und Abdon
Kapitel 13–16	Simson und die Philister
III. Richter 17–21:	*Anhang– Götzendienst und moralischer Niedergang in Israel*
Kapitel 17–18	Michas Götzendienst und der Stamm Dan
Kapitel 19–21	Unmoral in Gibea und der Bruderkrieg Israels mit dem Stamm Benjamin

Das Buch Ruth

4 Kapitel

1. Verfasser und Entstehungszeit

Das Buch Ruth verbindet das Buch der Richter mit den Büchern Samuel. Im ersten Vers wird auf die Richterzeit verwiesen, im letzten Vers auf den König David.

Ein Verfasser wird im Buch Ruth nicht erwähnt. Da die Ahnentafel in Kapitel 4, 17. 22 bis auf David fortgeführt wird, wurde dieses kurze Buch Ruth zur Zeit Davids (d. h. um 1000 v. Chr.) geschrieben. Nach dem babylonischen Talmud der Juden soll Samuel der Verfasser des Buches Ruth gewesen sein. Diese Auffassung wird von vielen Bibelauslegern geteilt.

2. Zweck der Niederschrift

Das Buch Ruth beschreibt die Gnade Gottes. Trotz der Sünde und des Abfalls des Volkes Israel in der Richterzeit ist Jehova tätig, Seine Verheißungen im Blick auf den kommenden Messias zu erfüllen.

Die Moabiterin Ruth, die als Heidin nach dem Gesetz (5. Mo 23, 3) kein Anrecht im Volke Gottes besitzen konnte, sucht im Glauben Schutz bei dem Gott Israels und wird durch Seine Gnade in Sein Volk aufgenommen. Durch ihre Ehe mit Boas, dem „Löser" (hebr. *go'el*) erhält sie einen Platz im Stammbaum des Königs David und dadurch auch des Messias Jesus von Nazareth (Rt 4, 22; Mt 1, 5).

Typologisch betrachtet beschreibt das Buch Ruth, wie Gott in der Endzeit den gläubigen Überrest aus dem Volke Israel annehmen wird. Noomi stellt das Volk Israel dar, das sein Land verlassen und alles verloren hat. Ruth ist ein Bild des Überrestes, der in der Endzeit wie die Heiden ohne jedes Anrecht auf Gottes Verheißungen dasteht. Der nächste Verwandte (Rt 3, 12; ein Bild des Sinai-Gesetzes) kann Ruth nicht lösen. Aber Boas, der Vorfahre und Typus Jesu Christi, erbarmt sich über sie.

Das Buch Ruth zeigt andererseits die Glaubensschritte und Entwicklungsstufen einer Seele, die durch Gottes Gnade gerettet, genährt, geleitet und zur vollen Gemeinschaft mit Christus geführt wird.

3. Besonderheiten

a) Der Löser

Die eigentliche Hauptperson des Buches Ruth ist Boas, der Löser. Sein Name kommt fast doppelt so häufig (20mal) vor wie der Name Ruths (12mal)! Der Löser spielte in Israel eine wichtige Rolle und ist ein Vorbild auf Christus, den Erlöser.

Der Löser hatte drei Aufgaben:
- Er konnte das Eigentum eines verarmten Israeliten freikaufen (3. Mo 25, 25).
- Er konnte seinen verarmten Bruder freikaufen (3. Mo 25, 47–49).
- Er mußte das Gericht über einen Mörder ausüben (4. Mo 35, 19)

Hier im Buch Ruth finden wir jedoch noch eine vierte Aufgabe des Lösers. Die in 5. Mose 25, 5 erwähnte Pflicht des Israeliten, die Witwe eines kinderlos verstorbenen Bruders zu heiraten, damit dessen Name erhalten blieb, wurde anscheinend auch auf den *go'el* ausgedehnt, der ja auch ein entfernterer Verwandter sein konnte. Im späteren Judentum war diese Praxis jedoch nicht mehr üblich.
Alle diese Aufgaben hat der wahre *go'el*, der Herr Jesus Christus, in geistlicher Hinsicht erfüllt. Er ist der Befreier aus der Knechtschaft des Teufels (Heb 2, 15), der Spender ewigen Lebens (Joh 1, 4. 12–13), der Erlöser des Erbteils (Eph 1, 11–14), aber Er wird auch einmal der göttliche „Bluträcher", der gerechte Richter, sein

(Joh 5, 27). Der Begriff des „(Er-)Lösens“ (hebr. *ga'al, go'el*) kommt im Buch Ruth 17mal vor.

b) Die Bedeutung der Namen

Für das Verständnis des Buches ist die Kenntnis der Bedeutung der hebräischen Namen besonders aufschlußreich:

Elimelech:	„mein Gott ist König“
Machlon:	„Krankheit“
Kiljon:	„Verschmachten“
Boas:	„in Ihm ist Stärke“
Noomi:	„Liebliche“
Mara:	„Bitterkeit“
Orpa:	„ihr Nacken“
Ruth:	„Schönheit“ oder“Befriedigung“

4. Inhaltsübersicht

I. Ruth trifft ihre Entscheidung / Ruth die Fremde

Kapitel 1 — Der Zug nach Moab und die Rückkehr nach Bethlehem

II. Ruth ist bereit zum Dienst / Ruth die Sammlerin

Kapitel 2 — Ruth liest Ähren und begegnet Boas

III. Ruth findet Ruhe / Ruth die Braut

Kapitel 3 — Ruth wendet sich im Glauben an Boas, den Löser

VI. Ruth empfängt die Belohnung / Ruth die Gesegnete

Kapitel 4 — Ruth wird durch ihre Heirat mit Boas eine Vorfahrin Davids

Das 1. und 2. Buch Samuel

31 und 24 Kapitel

1. Verfasser und Entstehungszeit

Die zwei Bücher Samuel bildeten ursprünglich ein einziges Geschichtswerk. Erst die Übersetzer der Septuaginta (griechische Übersetzung des AT um 200 v. Chr.) nahmen die Zweiteilung vor. Das erste Buch schloß jetzt mit dem Tode Sauls, und das zweite begann mit der Regierung Davids. Von der Septuaginta wurde diese Einteilung in die Vulgata (lateinische Übersetzung der ganzen Bibel im 4. Jh. n. Chr.) und schließlich seit Daniel Bomberg (1517) auch in die gedruckten Ausgaben der hebräischen Bibel übernommen. In der Septuaginta und in der Vulgata werden die Bücher Samuels zu den Königsbüchern gezählt. Dieser Titel ist nicht ganz unpassend, denn in den Büchern Samuel wird das Königtum Sauls und Davids beschrieben und in den Büchern der Könige die Herrschaft der Monarchen von Israel und Juda. Dennoch ist der ursprüngliche hebräische Titel Samuel geeigneter, denn in den beiden Büchern wird das Leben Samuels, des Propheten, sowie die Regierung der beiden von ihm gesalbten Könige beschrieben.

Damit ist jedoch noch nichts über den Verfasser gesagt, der in beiden Büchern nirgends erwähnt wird. Nach der jüdischen Tradition im Talmud war Samuel der Verfasser der Kapitel 1–24 des ersten Buches, das heißt des Berichtes über seine Zeit. Die Kapitel 25–31 und das ganze zweite Buch Samuel sollen von den Propheten Gad und Nathan geschrieben worden sein. Einen Hinweis darauf findet man in 1. Chronika 29, 29: „Und die Geschichte des Königs David, die erste und die letzte, siehe, sie ist geschrieben in der Geschichte Samuels, des Sehers, und in der Geschichte Nathans, des Propheten, und in der Geschichte Gads, des Schauers“. Die Erwähnung der Tatsache in 1. Samuel 27, 6, daß Ziklag den Königen von Juda gehört hat „bis auf diesen Tag“, wird von einigen jedoch als Indiz für die Abfassung nach der Reichsteilung unter Rehabeam angesehen.

Das erste Buch Samuel umfaßt einen Zeitraum von ungefähr 90 Jahren von der Geburt Samuels um 1100 v. Chr. bis zum Tode Sauls um 1010 v. Chr. Das zweite Buch Samuel beschreibt die Regierungszeit Davids (ca. 1010–970 v. Chr.).

2. Zweck der Niederschrift

Die Bücher Samuel stellen den Übergang von der Richter- zur Königsperiode dar. Samuel, die Zentralfigur des ersten Buches, ist zugleich der letzte Richter und der erste Prophet (Apg 3, 24; 13, 20).

Wie im Buch der Richter wird zunächst das Versagen Israels in seiner Verantwortung beschrieben. Das Richteramt verfällt unter Eli und seinen Söhnen (1. Sam 2, 22–25; 4, 17–18), aber auch unter den beiden Söhnen Samuels (1. Sam 8, 1–2). Das Versagen im Hause Elis ist umso schwerwiegender, da hier auch das Priestertum mitbetroffen ist, das die Mittlerstellung zwischen Gott und dem Volke einnehmen sollte. Auch die Bundeslade, das heiligste Gerät der Stiftshütte und das Sinnbild des Thrones Jehovas, wurde von den Feinden geraubt.

In diesem Zustand sendet Gott in der Person Samuels den ersten Propheten, der bei dem Volk Israel für Jehova eintritt. Durch Samuel wird auch das Königtum eingeführt, zunächst auf Verlangen des Volkes der König Saul, der Mann nach dem Fleische, danach David, der Mann nach dem Herzen Gottes (1. Sam 13, 14).

David macht Jerusalem zum politischen und religiösen Mittelpunkt Israels (2. Sam 5, 6–12; 6, 1–17). In den Worten Jehovas in 2. Samuel 7, 4–16 und in den Worten Davids in 2. Samuel 23, 1–7 wird die Bedeutung des von Gott eingesetzten Königtums hervorgehoben und prophetisch auf die tausendjährige Herrschaft des Messias hingewiesen.

3. Besonderheiten

a) Typologische Bedeutung der Bücher Samuel

Der Prophetendienst Samuels vor der Einführung der Königsherrschaft ist ein Bild des Wirkens Gottes in der jetzigen Gnadenzeit. Saul, der Mann nach dem Fleische, regiert danach zuerst als König, während David, der gesalbte König nach den Gedanken Gottes als Bild Christi, verworfen und verfolgt wird. Erst nach dem Tode des Widersachers gelangt David zur Herrschaft. Aber seine Regierung ist noch nicht von Frieden gekennzeichnet, wie die seines Sohnes Salomo, sondern von Kampf. Während Salomo also ein Vorbild des Herrn während des Tausendjährigen Friedensreiches ist, stellt David Christus als den dar, der jetzt verworfen ist, aber bei Seiner Erscheinung Gericht ausüben wird (vgl. Ps 110). Der Ausdruck „Gesalbter" kommt in den beiden Samuelbüchern 17mal vor, d.h. genauso oft wie im gesamten übrigen AT. Das erste Vorkommen hier weist bereits auf den Messias hin (1.Sam 2, 10).

b) Das Gebet

Das Gebet spielt besonders im ersten Buch Samuel eine große Rolle.

- Schon der Name Samuels bedeutet: „von Gott erhört" (oder vielleicht auch: „Name Gottes"). Hanna, die Mutter Samuels, betete um ein Kind (1. Sam 1, 10–18. 26–27), und sie dankte Gott, als sie einen Sohn empfangen hatte (1. Sam 2, 1–10).
- Auf Samuels Gebet hin schenkte Jehova Israel den Sieg über die Philister (1. Sam 7, 5. 9).
- Als Israel im Eigenwillen einen König forderte, betete Samuel zu Gott, der ihm auch antwortete (1. Sam 8, 6–9).
- Der Beter Samuel erhält von Gott Offenbarungen (1. Sam 9, 15).
- Für Samuel wäre es eine Sünde gewesen, nicht für sein Volk Israel zu beten (1. Sam 12, 19. 23).
- Samuel betete für Saul und das Volk (1. Sam 15, 11).

c) Die Bundeslade

Die Bundeslade mit dem Sühndeckel war der Thron Jehovas inmitten Seines Volkes, das heißt, das Zeugnis Seiner Gegenwart. Die Geschichte dieser Bundeslade in den Samuelbüchern zeigt deutlich den Zustand des Volkes in den Augen Gottes. In 1. Samuel 3, 3 befand sich die Lade in Silo, und Samuel war dort. In Kapitel 4 wurde die Lade von Silo in das Militärlager Israels gebracht, um den Sieg gegen die Philister zu bewirken. Aber die Philister erbeuteten sie; Eli starb bei dieser Nachricht, und die Philister wurden von Gott gestraft (1. Sam 5). In 1. Samuel 6, 17, 2 wird die Lade nach Kirjath-Jearim gebracht, wo sie 20 Jahre bleibt. Erst David bringt sie dann nach Zion, den Ort, den Jehova erwählt hatte, um Seinen Namen dort wohnen zu lassen (2. Sam 6; vgl. 5. Mo 12, 5; Ps 132), wo später Salomo den Tempel baute (1. Kön 6 – 8).

4. Inhaltsübersicht

I. 1. Samuel 1–7: Samuel als Richter und Prophet Gottes

Kapitel 1,1–2,11	Samuels Geburt
Kapitel 2,12–36	Verfall des Priestertums
Kapitel 3	Samuels Berufung als Prophet
Kapitel 4	Die Bundeslade von den Philistern geraubt
Kapitel 5	Die Bundeslade im Land der Philister
Kapitel 6	Rückkehr der Bundeslade nach Israel
Kapitel 7	Israels Umkehr und Sieg

II. 1. Samuel 8–15: Samuel und Saul

Kapitel 8	Israel verlangt einen König
Kapitel 9–10	Saul wird König von Israel
Kapitel 11	Sauls Sieg über die Ammoniter
Kapitel 12	Samuels letzte Rede an Israel
Kapitel 13	Sauls erstes Versagen
Kapitel 14	Jonathans Sieg und Sauls weiteres Versagen
Kapitel 15	Sauls Ungehorsam und Verwerfung

III. 1. Samuel 16–31: Saul und David

Kapitel 16	David wird zum König gesalbt
Kapitel 17	Davids Sieg über Goliath
Kapitel 18	Saul wird eifersüchtig auf David
Kapitel 19	Saul will David töten
Kapitel 20	David flieht vor Saul
Kapitel 21	Davids Flucht zu dem Priester nach Nob und nach Gath
Kapitel 22	David in der Höhle Adullam und Sauls Rache an den Priestern
Kapitel 23	David in Kehila und in der Wüste Siph
Kapitel 24	David schont das Leben Sauls in Engedi
Kapitel 25	Nabal und Abigail
Kapitel 26	David verschont Saul zum zweiten Mal
Kapitel 27	David flieht zu Achis, dem Philisterkönig
Kapitel 28	Saul bei der Totenbeschwörerin zu Endor
Kapitel 29	Davids Versagen bei den Philistern
Kapitel 30	Ziklag: Davids Strafe und Wiederherstellung
Kapitel 31	Tod Sauls und Jonathans

IV. 2. Samuel 1–10: Der Aufstieg des Königtums Davids

Kapitel 1	Davids Trauer um Saul und Jonathan
Kapitel 2–4	Davids Kampf gegen Isboseth und Abner
Kapitel 5	David nimmt Jerusalem ein
Kapitel 6	Die Bundeslade wird nach Jerusalem gebracht
Kapitel 7	Gottes Verheißung und Bund mit David
Kapitel 8	Davids Siege über die Syrer
Kapitel 9	David übt Gnade an Mephiboseth
Kapitel 10	Weitere Siege über Ammon und Syrien

V. 2. Samuel 11–20: Der Niedergang des Königtums Davids

Kapitel 11	Davids Sünde mit Bathseba
Kapitel 12	Davids Buße und Züchtigung
Kapitel 13	Amnons Sünde und Tod
Kapitel 14	Absaloms Rückkehr
Kapitel 15–16	Absaloms Aufruhr und Davids Flucht

Kapitel 17	Ahitophel und Husai
Kapitel 18	Absaloms Ende
Kapitel 19	Davids Rückkehr
Kapitel 20	Schebas Aufstand

VI. 2. Samuel 21–24: Anhang

Kapitel 21	David und die Gibeoniter; Philisterkriege
Kapitel 22,1–23,7	Davids Siegespsalm und letzte Worte
Kapitel 23,8–39	Die Helden Davids
Kapitel 24	Volkszählung, Strafe und Gnade

Der Denkstein des Königs Mesa von Moab (Moabiterstein), Abbildung nach E. Würthwein, Der Text des Alten Testaments

Das 1. und 2. Buch der Könige

22 und 25 Kapitel

1. Verfasser und Entstehungszeit

Die beiden Bücher der Könige bildeten in der hebräischen Bibel ursprünglich ein einziges Buch. Die Übersetzer der Septuaginta (griechische Übersetzung des AT um 200 v. Chr.) führten die Unterteilung in zwei Bücher ein, die später auch in die Vulgata (lateinische Übersetzung der Bibel um 400 n. Chr.) Eingang fand. In den hebräischen Handschriften des AT taucht diese Zweiteilung zuerst im 15. Jahrhundert auf. Sie wurde von Daniel Bomberg 1517 zum ersten Mal in einen hebräischen Bibeldruck übernommen. In der Septuaginta und in der Vulgata werden die Königsbücher das 3. und 4. Buch der Könige (bzw. Königreiche) genannt.

Der Verfasser der beiden Bücher der Könige wird nicht erwähnt. Nach der jüdischen Überlieferung im Talmud war es der Prophet Jeremia. Es ist bemerkenswert, daß der Inhalt von 2. Könige 24, 18–25, 30 fast wörtlich in Jeremia 52 wiederholt wird.

Auffällig ist auch, daß der Name Jeremias in den Lebensbeschreibungen der Könige Jojakim und Zedekia im 2. Buch der Könige fehlt, während Jesaja und andere Propheten, die vorher wirkten, erwähnt werden.

An verschiedenen Stellen wird auf Bücher hingewiesen, in denen weitere Berichte über das Leben des jeweiligen Königs zu finden sind und auf die der Verfasser der Königsbücher sich gestützt haben kann. Es wird zum Beispiel auf das Buch der Geschichte Salomos (1. Kön 11, 41) hingewiesen, dann mehrfach auf das Buch der Chronik der Könige von Israel (1. Kön 14, 19 bis 2. Kön 15, 31) und auf das Buch der Chronika der Könige von Juda (1. Kön 14, 29 bis 2. Kön 24, 5). Außerdem ist der Bericht über das Leben Hiskias aus Jesaja 36–39 großenteils in 2. Könige 18–20 wiedergegeben. Der Verfasser der Bücher der Könige konnte diese vorhandenen „Quellen“ unter der Leitung des Heiligen Geistes bei der Abfassung seines göttlich inspirierten Werkes benutzen.

Die Ereignisse, die in den beiden Büchern der Könige beschrieben werden, umfassen die Zeit von den letzten Tagen Davids (um 970 v. Chr.) bis zum 37. Jahr der Gefangenschaft Jojakins in Babel (um 561 v. Chr.), das heißt ungefähr 400 Jahre. Die Abfassung der Königsbücher kann also frühestens während der Babylonischen Gefangenschaft erfolgt oder beendet worden sein.

2. Zweck der Niederschrift

Die beiden Bücher der Könige bilden in der Reihe der Bücher Josua, Richter, 1. – 2. Samuel die chronologische Fortsetzung der Geschichte des Volkes Israel in Kanaan (Palästina). Die in den Büchern Samuel begonnene Beschreibung des Königtums in Israel wird bis zur Babylonischen Gefangenschaft fortgeführt. Die Bücher der Könige berichten dabei mehr über die Geschichte des Zehnstämme-Reiches (Israel), während das 2. Buch der Chronika mehr die Geschichte des Zweistämme-Reiches (Juda) beschreibt.

Nach Davids Tod wird Salomo (hebräisch: „Friede“) König über Israel, ein Typus Christi, des wahren Friedenskönigs. Gemeinsam stellen David und Salomo Christus in Seiner Verwerfung und in der darauf folgenden herrlichen Friedensherrschaft dar. Nach dem Tode Salomos zerfällt das Reich Israel in zwei Teile. Im Norden Palästinas entsteht das Zehnstämme-Reich (Israel) unter Jerobeam, und im Süden verbleiben die beiden Stämme Juda und Benjamin mit der Hauptstadt Jerusalem (Juda) unter der Herrschaft Rehabeams, des Sohnes Salomos.

Die Geschichte der jeweils 19 Könige über Israel und über Juda (ohne die Königin Athalja) ist der Bericht des zweiten Niedergangs des Volkes Gottes. Nach der Rettung Israels aus Ägypten und seiner Einführung in Kanaan unter Mose, Aaron und Josua war das Volk trotz Priestertum und Richteramt immer weiter von Gott abgefallen. Durch die Einführung des Königtums unter David machte Gott einen neuen Anfang mit Seinem Volke, aber nach kurzer Zeit fing der Niedergang wieder von neuem an. Wenn die erste Periode mit der Verwerfung Jehovas durch das Volk endete (1. Sam 8, 7; Ps 78, 60), so mußte am Ende der zweiten Periode Israel von Gott verworfen werden (2.Kön 17, 20; 2.Chr 36, 16).

Gott sandte immer wieder Propheten zu dem Volk, die zur Umkehr aufriefen. Unter ihnen sind besonders Elia, der Prophet des Gerichtes, von dem acht Wunder berichtet werden, Elisa, der Prophet der Gnade, mit sechzehn Wundern und Jesaja, der Prophet des Messias, zu erwähnen. Über fünfzigmal kommt der Ausdruck „Mann Gottes" in den beiden Büchern der Könige vor.

Diese Bücher tragen daher in besonderer Weise einen prophetischen Stempel, während die Bücher der Chronika einen priesterlichen Charakter haben.

Über alle 19 Könige des nördlichen Zehnstämme-Reiches lautete Gottes Urteil: „Er tat, was böse war", während unter den Königen des Reiches Juda doch einige Jehova treu waren, besonders Josaphat, Hiskia und Josia. Die von ihnen angeführten Erweckungen unter dem Volke Gottes sind mit den Erweckungen in der Christenheit (z. B. in der Reformation und im 18./19. Jh.) vergleichbar.

3. Besonderheiten

a) Der Moabiterstein (2. Kön 3)

Im Jahre 1868 fand der deutsche Missionar Klein im Ostjordanland bei der Moabiterstadt Dibon einen Stein mit einer Inschrift des Moabiterkönigs Mesa (siehe 2. Kön 3). In althebräischen Buchstaben verzeichnete Mesa darauf seine Auseinandersetzungen mit dem König Joram von Israel. Dieser Stein aus der Zeit um 840 v. Chr., der sich jetzt im Louvre in Paris befindet, ist wohl das älteste außerbiblische schriftliche Zeugnis für die absolute Korrektheit der Berichte des AT über geschichtliche Tatsachen.

b) Die Könige von Israel und Juda nach der Reichsteilung

Könige von Israel	Regierung	Könige von Juda	Regierung	Andere Reiche
Jerobeam I.	931–910	Rehabeam	931–913	Sisak, ca. 924 (Ägypten)
Nadab	910–909	Abija(m)	913–911	
Baesa	909–886	Asa	911–870	Benhadad I. ca. 900 (Syrien)
Ela	886–885			
Simri	885			
Omri	885–874			
Ahab	874–853	Josaphat*	872–848	
Ahasja	853–852			Salmaneser III. 859–824 (Assyrien)
Joram	852–841	Joram	848–841	
Jehu	841–814	Ahasja	841	
		Athalja	841–835	
Joahas	814–798	Joas	835–796	
Joas	798–782	Amazja	796–767	Benhadad II. 796–770 (Syrien)
Jerobeam II.*	793–753	Asarja* (Ussija)	791–740	
Sekarja	753–752			
Sallum	752			
Menachem	752–742	Jotham*	750–732 (751–735)	Tiglat-Pileser III. 745–727 (Assyrien)
Pekachja	742–740			
Pekach*	740–732 (752–732)	Ahas	735–716 (742–726)	Salmaneser V. 722–705 (Assyrien)
Hosea	732–722	Hiskia	716–687 (728–697)	Sargon II. 722–705 (Assyrien)
722/721: Assyrische Gefangenschaft		Manasse*	697–642	Sanherib 704–681 (Assyrien)
		Amon	642–640	Esarhaddon 680–669 (Assyrien)
		Josia	640–609	
		Joahas	609	Nebukadnezar 605–562 (Babel)
		Jojakim	609–598	1. Wegführung nach Babel 605
		Jojakin	598–597	2. Wegführung nach Babel 597
		Zedekia	597–586	3. Wegführung nach Babel 586
			586	Zerstörung Jerusalems

* = Gleichzeitige Herrschaft mit dem Vorgänger bzw. Nachfolger

( ) = Die Jahreszahlen in Klammern geben alternative Berechnungen wieder.

c) Ursprung der Samariter (2. Kön 17)

Nach der Wegführung der zehn Stämme Israels in die Assyrische Gefangenschaft im Jahre 722 v. Chr. brachte der König von Assyrien fremde Völker in das Land und ließ sie in den Städten Samarias wohnen (2. Kön 17, 24ff). Sie vermischten sich wohl mit den verbliebenen Israeliten und behielten ihre Götzenkulte bei. Auf Befehl des Assyrerkönigs wurde einer der weggeführten israelitischen Priester zurückgebracht, der die heidnischen Umsiedler auf Jehova hinweisen sollte. Aber sie gaben ihre eigenen Götter nicht auf, sondern behielten den Charakter eines Mischvolkes. Später bauten die Samariter auf dem Berge Gerisim ein eigenes Heiligtum und übernahmen die fünf Bücher Mose als verbindliche heilige Schrift.

Nach der Babylonischen Gefangenschaft wollten die Samariter beim Tempelbau mithelfen, was ihnen jedoch von den Juden verweigert wurde (Esra 4, 2-3). Auch in den Evangelien des NT kommt die Ablehnung und Feindschaft zwischen Juden und Samaritern öfter zum Ausdruck.

Noch heute leben ungefähr vierhundert „Samaritaner", wie sie jetzt genannt werden, um Nablus (heutiger arabischer Name für das alte Sichem).

4. Inhaltsübersicht

I. 1. Könige 1–11: Das Reich Salomos

Kapitel 1–2	Salomo wird König, und David stirbt
Kapitel 3	Salomos Bitte um Weisheit
Kapitel 4	Salomos Herrschaft
Kapitel 5	Vorbereitungen zum Tempelbau
Kapitel 6–7	Der Bau des Tempels und seiner Geräte
Kapitel 8	Einweihung des Tempels und Salomos Gebet
Kapitel 9	Salomos Größe
Kapitel 10	Die Königin von Scheba
Kapitel 11	Salomos Versagen und Tod

II. 1. Könige 12 – 2. Könige 17: Das geteilte Reich

Kapitel 12	Die Reichsteilung unter Rehabeam und Jerobeam
Kapitel 13	Der Mann Gottes aus Juda und der Prophet von Bethel
Kapitel 14	Regierung Jerobeams und Rehabeams
Kapitel 15	Regierung Abijams und Asas in Juda sowie Nadabs und Baesas in Israel
Kapitel 16	Regierung Elas, Simris, Omris und Ahabs in Israel
Kapitel 17	Elia am Bache Krith und bei der Witwe zu Zarpath (vgl. Lk 4, 25–26)
Kapitel 18	Elia auf dem Karmel
Kapitel 19	Elia am Horeb
Kapitel 20	Ahabs Kriege mit Syrien
Kapitel 21	Ahab und der Weinberg Naboths
Kapitel 22	Ahabs letzter Krieg mit Syrien und sein Tod

2. Könige

Kapitel 1	Elia und Ahasja
Kapitel 2	Elias Himmelfahrt
Kapitel 3	Jorams Krieg mit Moab
Kapitel 4	Vier Wunder Elisas
Kapitel 5	Elisa heilt den Aussatz Naamans
Kapitel 6–7	Der Krieg der Syrer gegen Israel
Kapitel 8	Elisa und Hasael
Kapitel 9–10	Regierung Jehus
Kapitel 11	Regierung der Athalja in Juda
Kapitel 12	Regierung des Joas in Juda
Kapitel 13	Regierung des Joahas und Joas in Israel
Kapitel 14	Regierung Amazjas in Juda und Jerobeams II. in Israel
Kapitel 15	Regierung Asarjas (Ussijas) und Jothams in Juda sowie Sekarjas, Sallums, Menachems, Pekachjas und Pekachs in Israel
Kapitel 16	Regierung des Ahas in Juda
Kapitel 17	Regierung Hoseas und der Untergang des Nordreiches

III. 2. Könige 18–25: Das Reich Juda bis zum Babylonischen Exil

Kapitel 18–19	Hiskias Regierung und die Belagerung durch die Assyrer
Kapitel 20	Hiskias Krankheit und Tod
Kapitel 21	Regierung Manasses und Amons
Kapitel 22	Regierung Josias und Auffindung des Gesetzes im Tempel
Kapitel 23	Josia reinigt das Land vom Götzendienst
Kapitel 24	Die letzten Könige Judas von Babel unterworfen
Kapitel 25	Die Zerstörung Jerusalems

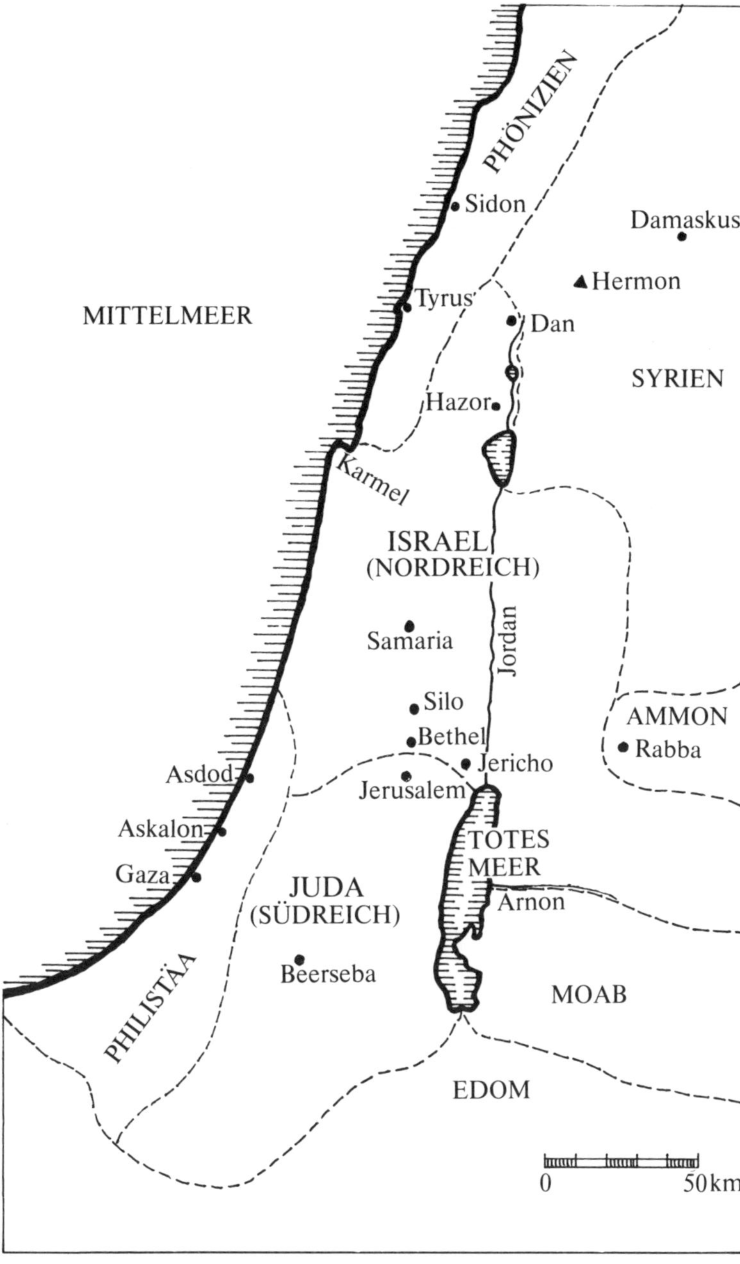

Das geteilte Königreich (Israel und Juda)

1. und 2. Buch der Chronika

29 und 36 Kapitel

1. Verfasser und Entstehungszeit

Die beiden Bücher der Chronika stehen im hebräischen AT an letzter Stelle. Sie bildeten ursprünglich, wie Samuel und Könige, ein einziges Buch. Die Zweiteilung erfolgte durch die Übersetzung der Septuaginta, der griechischen Version des AT. Von da an wurde sie in die späteren Übersetzungen der Heiligen Schrift übernommen, bis sie schließlich auch in die hebräische Bibel Eingang fand (zuerst bei Daniel Bomberg 1517).

Aus 1. Chronika 3, 19ff; 9, 1–2 und 2. Chronika 36, 22–23 geht hervor, daß die Bücher der Chronika erst nach der Babylonischen Gefangenschaft geschrieben oder vollendet worden sind. Da die Schlußverse von 2. Chronika und die ersten Verse des Buches Esra bis auf einzelne Worte gleichlauten und das Buch Esra die geschichtliche Fortsetzung der Chronik-Bücher ist, haben schon die jüdischen Gelehrten, die den Talmud schrieben, Esra den Verfasser dieser Bücher genannt. Auch die ausführlichen Geschlechtsregister am Anfang (1. Chr 1–9) weisen darauf hin. Sie waren nach dem Exil für die Juden besonders wichtig (vgl. Esra 2, 62).

Wie in den meisten Schriften des AT wird der Name des Verfassers jedoch nicht erwähnt. Der *priesterliche* Charakter dieser Bücher paßt aber gut zu Esra, der selber Priester war (Esra 7, 1–5.11). Die Zeit der Abfassung der Chronikbücher wäre dann um 450–400 v. Chr.

Im Laufe der Berichte wird eine ganze Anzahl verschiedener Geschichtswerke erwähnt, auf die der Schreiber sich stützen konnte (1. Chr 5, 17; 9, 1; 23, 27; 27, 24; 29, 29; 2. Chr 9, 29; 12, 15; 13, 22; 24, 27; 26, 22; 27, 7; 33, 19; 35, 25). Für den, der die Bibel als Gottes inspiriertes Wort anerkennt, sind jedoch diese äußeren Merkmale nicht das Wesentliche, sondern die Tatsache, daß Gott selbst diese Bücher der Chronika so hat niederschreiben lassen, um uns dadurch zu unterweisen (vgl. 1. Kor 10, 6. 11).

2. Zweck der Niederschrift

Die zwei Bücher der Chronika sind keine Wiederholung der Bücher der Könige. Gott verfolgte mit ihrer Niederschrift einen besonderen Zweck. Das geht schon daraus hervor, daß die am Anfang aufgeführten langen Geschlechtsregister Israels und besonders des Hauses Davids bei Adam, dem ersten Menschen, beginnen. Die Bücher der Chronika geben einen *göttlichen Rückblick* über die Geschichte Israels und der Menschheit sowie der Wege Gottes mit ihnen. Ein Vergleich mit dem 5. Buche Mose drängt sich auf, das ja auch keine bloße Wiederholung der vorhergehenden Bücher ist.

In den Büchern der Chronika wird besonders das Königreich *Juda*, das heißt das südliche Zweistämme-Reich nach der Spaltung des Volkes, beschrieben. In den Büchern der Könige stand das nördliche Zehnstämme-Reich im Vordergrund. Hier wird es nur dann erwähnt, wenn es mit Juda in Berührung kam.

Das *Königtum* Davids und Salomos sowie ihrer Nachfolger ist das Hauptthema dieser Bücher. Beide Männer gemeinsam bilden ein Vorbild (Typus) Christi als des verworfenen, leidenden und verherrlichten, herrschenden Königs. Daher werden in den Büchern der Chronika ihre Fehltritte, zum Beispiel Davids Ehebruch mit Bathseba und Mord an Urija sowie Salomos Götzendienst nicht erwähnt. Die Bücher der Könige geben mehr *moralische* Belehrungen und unterstreichen die menschliche *Verantwortung*. Die Bücher der Chronika enthalten dagegen mehr *typologische* Belehrungen in Verbindung mit der *Gnade* Gottes.

Ein weiteres wichtiges Thema ist der *Tempel* und seine Errichtung. Er nimmt in den Büchern der Chronika viel mehr Raum ein als im 1. Buch der Könige. Im 1. Buch der Chronika wird in den Kapiteln

21–29 Davids Interesse für den Tempel, die Wohnstätte Gottes inmitten Seines Volkes beschrieben, und in 2. Chronika 2–7 der Bau und die Einweihung des Tempels unter König Salomo. Auch später wird die Wiederherstellung des Gottesdienstes im Tempel mehrfach erwähnt (Josia, Hiskia). Die Bücher der Chronika zeigen die geistliche oder gottesdienstliche Seite des Lebens im Königreich Juda auf und tragen daher einen *priesterlich* geprägten Charakter. Die Bücher der Könige tragen dagegen mehr einen prophetischen Stempel.

Wie in den Königsbüchern wird auch in den Chronikbüchern der bald einsetzende Verfall des Volkes beschrieben. Dieser wurde im Reiche Juda jedoch durch mehrere Erweckungen gottesfürchtiger Könige unterbrochen (besonders unter Josaphat, Hiskia und Josia). Die Beschreibung der Geschichte des Volkes Gottes endet mit der Verwerfung von seiten Jehovas und der Wegführung der Juden in die Babylonische Gefangenschaft in den Jahren 605–586 v. Chr. Babel ist das Bild weltlicher Macht in religiösem Gewande (vgl. 1. Mo 11 u. Off 17–18).

Aber ganz am Ende dieser beiden Bücher wird beschrieben, wie Gott das Herz des Königs Kores (Cyrus) von Persien erweckt, um die Juden zur Rückkehr nach Palästina zu bewegen. Darin wird wieder Gottes Gnade sichtbar.

3. Besonderheiten

Der Tempel

Zusätzlich zu den erwähnten Unterschieden zwischen den Büchern der Chronika und der Könige bestehen auch in den Beschreibungen des Tempels bemerkenswerte Abweichungen.

In 1. Könige 6, 5–10 werden die Seitenzimmer erwähnt, die in 2. Chronika fehlen. In 2. Chronika 3, 14 lesen wir von dem Vorhang des Tempels und in 2. Chronika 4, 1 von dem ehernen Altar, über die der Verfasser von 1. Könige schweigt. Diese und weitere kleine Unterschiede verdeutlichen, daß in 1. Könige die Wohnung Gottes und die innige Gemeinschaft Seines Volkes mit Ihm geschildert werden, in 2. Chronika jedoch der Ort, wo man Gott naht, um Ihm Anbetung darzubringen.

4. Inhaltsübersicht

I. Chronika 1–9: Die Geschlechtsregister

Kapitel 1	Von Adam bis Edom
Kapitel 2,1–4,23	Juda, speziell das Haus Davids
Kapitel 4,24–8,40	Die übrigen Stämme Israels
Kapitel 9	Die Bewohner Jerusalems

II. 1. Chronika 10–29: Die Regierung Davids

Kapitel 10	Das Ende des Königs Saul
Kapitel 11	Der König David und seine Helden
Kapitel 12	Davids treue Anhänger
Kapitel 13	David und die Bundeslade
Kapitel 14	Davids Siege über die Philister
Kapitel 15–16	Die Bundeslade kommt nach Jerusalem
Kapitel 17	Davids Wunsch, einen Tempel zu bauen
Kapitel 18–20	Die Kriege Davids
Kapitel 21	Die Volkszählung und ihre Strafe
Kapitel 22	Vorbereitungen für den Tempelbau
Kapitel 23	Die Aufgaben der Leviten
Kapitel 24	Die Aufgaben der Priester
Kapitel 25	Die Aufgaben der Sänger
Kapitel 26	Die Aufgaben der Torhüter und übrigen Beamten
Kapitel 27	Die Heerführer und Staatsdiener
Kapitel 28	Die Vorstellung Salomos
Kapitel 29	Davids letzte Worte und Tod

III. 2. Chronika 1–9: Die Regierung Salomos

Kapitel 1	Salomos Regierungsantritt
Kapitel 2–4	Der Bau des Tempels
Kapitel 5–7	Die Einweihung des Tempels
Kapitel 8–9	Salomos Herrlichkeit und Tod

IV. 2. Chronika 10–36: Das Reich Juda bis zum Exil

Kapitel 10–12	Reichsteilung und Regierung Rehabeams
Kapitel 13	Abija
Kapitel 14–16	Asa
Kapitel 17	Josaphat
Kapitel 18	Josaphats Bund mit Ahab
Kapitel 19	Josaphats Gerichtsbarkeit
Kapitel 20	Rettung vor Moab
Kapitel 21	Joram
Kapitel 22	Ahasja
Kapitel 23	Athalja
Kapitel 24	Joas: Eifer und Fall
Kapitel 25	Amazja
Kapitel 26	Ussija (Asarja)
Kapitel 27	Jotham
Kapitel 28	Ahas
Kapitel 29	Jehiskia (Hiskia) reinigt den Tempel
Kapitel 30	Die Passahfeier Jehiskias
Kapitel 31	Weitere Reformen Jehiskias
Kapitel 32	Der Angriff des Assyrerkönigs Sanherib
Kapitel 33	Manasse und Amon
Kapitel 34	Josia: Tempelreinigung und Auffindung des Gesetzes
Kapitel 35	Die Passahfeier Josias
Kapitel 36	Joahas, Jojakim, Jojakin, Zedekia und der Fall Jerusalems

Das Buch Esra

10 Kapitel

1. Verfasser und Entstehungszeit

Wenn man die letzten Verse des 2. Buches der Chronika (Kap. 36, 22–23) mit den ersten Versen des Buches Esra (Kap. 1, 1–3) vergleicht, stellt man eine fast wörtliche Übereinstimmung fest. Esra (sein Name bedeutet „Hilfe“) schließt also geschichtlich und inhaltlich an das 2. Buch der Chronika an. Zwischen diesen beiden Büchern liegt jedoch die siebzigjährige Babylonische Gefangenschaft (vgl. Jer 25). Sie begann mit der ersten Wegführung eines Teiles der Juden unter der Regierung Jojakims im Jahre 606/605 v. Chr. und endete mit dem Edikt des Perserkönigs Kores (Cyrus) im Jahre 537/536 v. Chr., demzufolge die Juden nach Palästina zurückkehren sollten, um den zerstörten Tempel in Jerusalem wieder aufzubauen.

In den hebräischen Bibeln und in der Septuaginta bilden die Bücher Esra und Nehemia eine gewisse Einheit. Sie wurden jedoch in der Septuaginta und später auch in der Vulgata getrennt beziehungsweise unterschieden. In den Ausgaben der Septuaginta und Vulgata befinden sich heute zum Teil zwei weitere, nicht inspirierte und nicht dem Kanon der Heiligen Schrift zugehörige Bücher, die den Namen Esras tragen. Dadurch könnte bei manchem Leser eine Verwirrung hervorgerufen werden, die durch die nachstehende kleine Tabelle beseitigt werden kann.

Deutsch	*Vulgata (lat.)*	*Septuaginta (griech.)*
Esra	Esdras I	Esdras II
Nehemia	Esdras II	
3. Esra (apokryph)	Esdras III	Esdras I
4. Esra (pseudepigraphisch)	Esdras IV	Esra-Apokalypse

Die Abfassung des Buches Esra wird seit alters her dem Schriftgelehrten Esra zugeschrieben. Er kam mit der zweiten Rückkehrergruppe um 458 v. Chr. nach Jerusalem (Esra 7). Ab Esra 7 schreibt der Verfasser daher auch in der Ich-Form (Esra 7, 1. 28). Kapitel 4, 18–6, 18 und Kapitel 7, 12–26 sind nicht in hebräischer, sondern in aramäischer Sprache geschrieben. Das Aramäische ist wie das Hebräische eine semitische Sprache, die im Perserreich Amts- und internationale Verkehrssprache war. Die erwähnten Abschnitte enthalten offizielle Dokumente, die vom beziehungsweise für den persischen Königshof ausgefertigt wurden.

Die Propheten Haggai und Sacharja, die in Esra 5, 1 und 6, 14 erwähnt werden, waren Zeitgenossen Serubbabels und Jeschuas. Sie bestätigen und ergänzen in ihren Schriften die Tatsachen, die im Buche Esra beschrieben werden.

2. Zweck der Niederschrift

Mit dem Untergang des israelitischen Nordreiches (Zehnstämme-Reich) im Jahre 722 v. Chr. und der Wegführung des Volkes in die Assyrische Gefangenschaft und dem Ende des Südreiches (Juda) 605–586 v. Chr. durch die Babylonische Gefangenschaft endete die Theokratie im Volke Gottes. Der Thron Jehovas war nicht mehr in Jerusalem (1. Chr 29, 23). Die Herrlichkeit Jehovas hatte den Tempel vor seiner Zerstörung verlassen (vgl. 2. Chr 7, 2 mit Hes 9, 3; 10, 18; 11, 23). Gott hatte die Regierungsmacht in die Hände heidnischer Könige gelegt (Jer 27, 6; Dan 2, 37–38; Esra 1, 2). Die „Zeiten der Nationen“ (Lk 21, 24) waren angebrochen. Gott wohnt und herrscht jetzt nicht mehr in Jerusalem, sondern überläßt in Seiner Vorsehung die Macht den vier großen Weltreichen Babylon, Persien, Griechenland und Rom, von denen besonders der Prophet Daniel weissagt.

In Seiner Gnade bewirkt Jehova bei einem kleinen Teil, dem Überrest Seines Volkes, nach siebzigjähriger Verbannung ein Wiederaufleben. Aber Er veranlaßt dies durch Kores oder Cyrus (vgl. Jes 44, 28), den Herrscher des persischen Weltreiches. Der

Tempel zu Jerusalem soll wieder aufgebaut und der Gottesdienst erneuert werden. Auf dem berühmten Cyrus-Zylinder, der den Sieg des Cyrus/Kores über Babel beschreibt, stehen auch die folgenden Worte in Keilschrift: „... die Götter, die in ihnen (d. h. den Städten) lebten, brachte ich an ihre Orte zurück …, alle ihre Bewohner sammelte ich und ließ sie an ihre Wohnstätte zurückkehren …“

Die Bibel berichtet von drei Rückkehrergruppen. Die erste Rückkehr fand um 536 v. Chr. statt. Ihre Anführer waren Serubbabel, ein Nachkomme des Königs David, und Josua (= Jeschua), ein Nachkomme des Hohenpriesters Aaron (Esra 1–6). Zunächst wurde der *Brandopferaltar* im Vorhof des Tempels, dann der *Tempel* selbst wieder aufgebaut.

Die zweite Gruppe im Jahre 458 v. Chr. wurde von Esra, dem Priester und Schriftgelehrten, angeführt (Esra 7). Esra hatte sich besonders dem Studium und der Beobachtung des Gesetzes Jehovas, des *Wortes Gottes*, gewidmet und wollte dies dem Volk wieder nahebringen.

Die dritte Rückkehr im Jahre 445 v. Chr. kam mit Nehemia. Diese Ereignisse werden im gleichnamigen Buch beschrieben. Nehemia sah seine Aufgabe darin, die *Mauern* und *Tore der zerstörten Stadt Jerusalem* aufzubauen.

Die Bücher Esra und Nehemia beschreiben die von Gott bewirkte *Erweckung* eines kleinen Teiles der Juden, die nun in das Land der Verheißung zurückkehrten und sich wieder in Jerusalem an dem Ort sammelten, den Jehova erwählt hatte, um Seinen Namen dort wohnen zu lassen (5. Mo 12, 5; 1. Kön 11, 36). Dazu mußten sie sich aus Babel, dem Bereich der weltlich-religiösen Macht und Herrschaft lösen. Es genügte jedoch nicht, daß sie sich am rechten Ort befanden, es war auch die rechte Gesinnung, die Gottesfurcht, nötig. Daran fehlte es bei vielen von ihnen. Aber es gab auch Widerstände von außen, die es zu überwinden galt.

Die Geschichte der Erweckung und Rückkehr dieser Juden aus der Babylonischen Gefangenschaft nach Palästina (Kanaan) enthält für den Christen wichtige und ernste Lehren. Wie manche Erweckung, besonders im 19. Jahrhundert, hat Gott in der Christenheit bewirkt! Der Altar, das heißt der Tisch des Herrn (vgl. Mal 1, 7. 12; 1. Kor 10, 21), und der Tempel, das heißt die Versammlung (*ekklesia*) als Haus und Wohnstätte Gottes (1. Kor 3, 10–17), sollen auch dem Gläubigen heute wichtig und wertvoll sein und bleiben.

3. Besonderheiten

a) Zeitgenössische Propheten

Die Bücher der Propheten Haggai und Sacharja wurden zur Zeit des Tempelaufbaues geschrieben und ergänzen das Buch Esra in zweierlei Hinsicht. Haggai weist die Juden zurecht, weil sie nicht mit ganzem Herzen Jehova dienten. Sacharja weissagt darüber hinaus über die Ankunft des Messias.

b) Kennzeichen der Erweckung

Die Erweckung des jüdischen Überrestes im Buche Esra trägt sieben Kennzeichen:
- das Bewußtsein der eigenen Schwachheit (Kap. 2 und 9)
- Gehorsam gegenüber dem Worte Gottes (Kap. 7)
- Rückkehr zum göttlichen Mittelpunkt (Kap. 3)
- Trennung von der Welt (Kap. 4)
- Geist der Hingabe und Aufopferung (Kap. 2, 68–69)
- Bewußtsein der Einheit des Volkes (Kap. 3, 1; 6, 17; 8, 35)
- Prophetischer Dienst und Erwartung des Messias (Kap. 5, 1; 6, 14).

c) Chronologische Übersicht

Das persische Reich		*Das jüdische Volk*	
558–529	Cyrus II., der Große (Kores; Esra 1, 1)		
539	Eroberung Babels	538/537	Edikt zum Tempelbau (Esra 1, 2)
		536	Beginn des Tempelbaues (Esra 3, 8)
529–523	Kambyses II. (Ahasveros; Esra 4, 6)		
523–522	Smerdis/Bardiya (Artasasta; Esra 4, 7; allgemein als Usurpator beurteilt)		
522–485	Darius I., der Große (Esra 4, 5)	520	Haggai und Sacharja (Hag 1, 1; Sach 1, 1)
		516	Tempelbau beendet (Esra 6, 15)
485–464	Xerxes I. (Ahasveros)		Königin Esther (Est 1, 1)
464–424	Artaxerxes I. Longimanus (Artasasta; Esra 7, 1)	458	Rückkehr Esras (Esra 7, 1.8)
		445	Rückkehr Nehemias (Neh 2, 1)
		um 435	wahrscheinlich Dienst Maleachis

4. Inhaltsübersicht

I. Esra 1–6: Die erste Rückkehr der Juden unter Serubbabel

Kapitel 1	Die Erweckung durch den Erlaß des Königs Kores
Kapitel 2	Die Aufzählung der Heimkehrer
Kapitel 3	Wiederaufbau von Altar und Tempel
Kapitel 4–5	Widerstand der Feinde Judas; Unterbrechung des Tempelbaus
Kapitel 6	Brief des Königs Darius und Vollendung des Tempels

II. Esra 7–10: Die zweite Rückkehr unter Esra

Kapitel 7	Esra und der Brief des Königs Artasasta
Kapitel 8	Der Zug Esras nach Jerusalem
Kapitel 9	Esras Demütigung
Kapitel 10	Absonderung der Juden vom Bösen

Das Buch Nehemia

13 Kapitel

1. Verfasser und Entstehungszeit

Zusammen mit dem vorausgehenden Buch Esra bildet Nehemia („Jehova tröstet") in der hebräischen Bibel eine Einheit (vgl. die Angaben zu Esra). Trotz verschiedener Titel stehen dort die beiden Bücher ohne Absatz hintereinander, und die Zahlenangaben der Massoreten stehen für beide Bücher zusammen am Schluß von Nehemia. Ob es jedoch in alter Zeit immer ein einziges Buch war, ist fraglich. Esra 2 und Nehemia 7 enthalten eine fast identische Aufzählung der zurückgekehrten jüdischen Geschlechter, was in einem einzigen Werk eine schwer zu verstehende Wiederholung wäre. Wenn die Bücher jedoch zunächst jedes für sich dastanden, ist die Wichtigkeit der Geschlechtsregister nach dem Exil als Grund für die Erwähnung in beiden Büchern eine sehr gute Erklärung. Später wurden die Bücher wieder unterschieden und getrennt, wie wir es in den modernen Bibelausgaben kennen.

Der erste Vers des Buches lautet: „Geschichte Nehemias, des Sohnes Hakaljas". Im Verlauf des Buches schreibt der Verfasser meistens in der Ich-Form (Neh 1,1 – 7,5; 12,31 – 13,31). Kapitel 7 und 10–12 enthalten Listen von Namen, auf die der Verfasser Nehemia sich stützen konnte.

Nach seinen eigenen Angaben reiste Nehemia zweimal von Susa nach Jerusalem. Die erste Reise fand im zwanzigsten Jahre des Perserkönigs Artasasta (Artaxerxes I.) statt und dauerte bis zum 32. Regierungsjahre (Neh 2, 1; 5, 14; 13, 6). Danach machte Nehemia nochmals eine Reise nach Jerusalem (Neh 13, 6–7). Der König Artasasta regierte 464–424 v. Chr. Der erste Aufenthalt Nehemias dauerte also von 445 bis 433, der zweite fand wohl kurz danach statt. Die Abfassung des Buches Nehemia kann daher bis 400 v. Chr. erfolgt sein.

2. Zweck der Niederschrift

Als Fortsetzung des Buches Esra berichtet das Buch Nehemia von dem dritten Rückzug nach Jerusalem im Jahre 445 v. Chr. Esra hebt die religiöse Wiederherstellung des Überrestes hervor, wenn er von der Aufrichtung des Altars, dem Tempelbau und dem Gesetz Jehovas, das heißt dem Worte Gottes, schreibt.

Nehemias Aufgabe bestand darin, die Mauern und die Tore der Stadt Jerusalem wieder aufzubauen. Die Stadt ist das Bild des Zusammenlebens des Volkes Gottes. Auch das tägliche Leben der Gläubigen soll immer von Gottes Wort und Willen gelenkt werden. Feinde von außen und Widerstand von innen stellen sich dem treuen Diener Nehemia entgegen. Aber er läßt sich nicht davon abbringen, die Scheidung zwischen dem Heiligen und dem Unheiligen (bildlich: die Mauer; vgl. Hes 42, 20) und die Grundsätze für den Ein- und Ausgang, das heißt den Lebenswandel (bildlich: die Tore; vgl. Joh 10, 9), wieder deutlich sichtbar zu machen. Die Mauer Jerusalems bewahrte, schützte und trennte die Bewohner der Stadt von allen Angriffen und Einflüssen von außen. – Die gleiche Bedeutung haben die meisten praktischen Ermahnungen am Schluß der Briefe im NT.

3. Besonderheiten

a) Das Gebet

Nehemia war ein Mann des Gebetes: siehe Nehemia 1, 5–11; 2, 4; 4, 4. 9; 5, 19; 6, 9. 14; 13, 14. 22. 29. 31.

b) Die Papyrusfunde von Elephantine

In der Zeit des babylonischen Exils befand sich in Elephantine, einer Stadt bei Assuan in Oberägypten, eine jüdische Militärkolonie. Im Jahre 1903 wurden dort die sogenannten Elephantine-Papyri gefunden, die Teile einer Korrespondenz der dort ansässigen Juden mit dem Heimatland enthalten. Auf einem dieser aramäisch beschriebenen Papyrusblätter aus dem Jahre 408/407 v. Chr. werden Sanballat, der Statthalter Samarias, und Jochanan, ein Nachkomme

Eljaschibs, des Hohenpriesters, erwähnt. Beide Namen kommen auch im Buche Nehemia vor (Neh 2, 10; 4, 1–2; 12, 23).

4. Inhaltsübersicht

I. Nehemia 1–2: Nehemias Reise nach Jerusalem

Kapitel 1	Nehemias Demütigung: die innere Zubereitung des Dieners
Kapitel 2	Nehemias Reise und Ankunft: die äußere Vorbereitung

II. Nehemia 3–7: Der Bau der Mauer Jerusalems

Kapitel 3	Bau der Mauer und der Tore
Kapitel 4	Widerstand von außen
Kapitel 5	Hindernisse im Inneren
Kapitel 6	Die List der Feinde und Nehemias Antwort
Kapitel 7	Register der Zurückgekehrten

III. Nehemia 8–10: Neuordnung des geistlichen Lebens

Kapitel 8	Vorlesung des Gesetzes
Kapitel 9	Demütigung des Volkes
Kapitel 10	Die Entscheidung für Gott

IV. Nehemia 11–13: Neuordnung des Lebens in der Stadt

Kapitel 11	Verzeichnis der Einwohner
Kapitel 12	Einweihung der Mauer
Kapitel 13	Nehemias zweiter Besuch und neue Umkehr des Volkes

Das Buch Esther

10 Kapitel

1. Verfasser und Entstehungszeit

Der Verfasser des Buches Esther (dieser Name bedeutet „Stern“) wird, wie bei den meisten anderen Büchern des AT, nicht genannt. Der jüdische Geschichtsschreiber Josephus bezeichnet Mordokai als Verfasser. Dagegen spricht jedoch Kapitel 10, 2–3; so hätte der Schreiber wohl kaum von sich selbst gesprochen. Andererseits wird in Kapitel 9, 20 ausdrücklich erwähnt, daß Mordokai „diese Begebenheiten“ aufschrieb. Andere Quellen schreiben das Buch Esra oder Nehemia zu.

In jedem Fall war der Verfasser des Buches Esther ein Jude, dem das Schicksal des Volkes Gottes sehr am Herzen lag. Er besaß außerdem hervorragende Kenntnisse über die Verhältnisse am persischen Königshof, die durch den griechischen Geschichtsschreiber Herodot und durch die Ausgrabungen der letzten hundert Jahre vollauf bestätigt worden sind.

Die Ereignisse des Buches Esther spielten sich während der Regierungszeit des Königs Ahasveros (persisch: Khschayarscha), das ist Xerxes I., ab, der 485–464 v. Chr. regierte. Sein Vorgänger war der König Darius (522–485 v. Chr.), der in Esra 4, 5 erwähnt wird. Sein Nachfolger war Artaxerxes I., das heißt der in Esra 7, 1 und Nehemia 2, 1 genannte Artasasta. Die im Buche Esther beschriebenen Geschehnisse fallen also in die Zeit zwischen Esra 6 und 7. Es wird daher von vielen angenommen, daß das Buch in der letzten Hälfte des 5. Jh. v. Chr. geschrieben wurde.

2. Zweck der Niederschrift

Das Buch Esther steht in der hebräischen Bibel im dritten Hauptteil, den „Schriften“ (hebr. *Ketubim*). Es gehört zu den sogenannten 5 „Rollen" (hebr. *Megilloth*), die an bestimmten Festtagen in der Synagoge noch heute vorgelesen werden. Esther wird während des Purimfestes am 14. – 15. Adar (Februar/März) gelesen. Es gehört daher zu den bei den Juden am besten bekannten alttestamentlichen Büchern, von dem es auch die meisten alten Abschriften gibt. Das Buch hat dem jüdischen Volk bis heute als Stütze seiner nationalen Hoffnung gedient, besonders in den Zeiten der Verfolgung.

Dieses Buch belehrt uns in besonderer Weise über die unsichtbare Fürsorge Gottes für diejenigen Glieder Seines Volkes, die es vorzogen, im Land ihrer Verbannung zu bleiben, obwohl seit König Kores von Persien (siehe das Buch Esra) die Möglichkeit zur Rückkehr in das Land Kanaan (Palästina) gegeben war. Jehova wachte mit großer Güte und Sorge auch über diesen großen Teil der Juden, die Er vor der Welt nicht mehr als Sein Volk anerkennen konnte. Er verbarg sich gleichsam vor ihnen. Daher wird Gott nicht ein einziges Mal in diesem Buch erwähnt. Schon im Altertum hatten die Juden selbst dieses auffällige Merkmal als Erfüllung der Prophezeiung in 5. Mose 31, 18 gesehen.

In Seiner Vorsehung bringt Gott die junge Jüdin Hadassa (Esther) an den persischen Königshof. Es gelingt ihr, die drohende Vernichtung aller ihrer Volksgenossen durch den Großwesir Haman zu verhindern. Dieser wird gehängt, und ihr Vetter Mordokai, der fromme Jude und Gegenspieler Hamans, erhält dessen Stellung. Nach der Rache der Juden an ihren Feinden wird zum Gedenken an diese Ereignisse das Purimfest (von persisch *pur* = das Los) eingesetzt.

Typologisch gesehen, stellt die Königin Vasti die Frau aus den *Nationen* (Heiden) dar, die verstoßen wird, weil sie sich nicht ihrer Stellung entsprechend verhält. Danach wird Esther die *jüdische* Gattin und Königin, die zu Ehren gelangt (vgl. Römer 11). In Mordokai sehen wir ein Bild von Christus, der zunächst verachtet und gehaßt, später aber zum Haupt Seines Volkes Israel und der ganzen Welt wird.

3. Besonderheiten

a) Die drei Feste im Buche Esther

- das Fest des Ahasveros, bei dem Vasti verstoßen wird (Kap. 1)
- das Fest der Esther, bei dem Haman verstoßen wird (Kap. 7)
- das Purim-Fest der Juden, das an die Rettung des jüdischen Volkes erinnert (Kap. 9).

b) Haman, der Agagiter

Nach 4. Mose 24, 7 und 1. Samuel 15 scheint Agag der Titel der Amalekiterkönige gewesen zu sein. – Saul, der Sohn Kis', verschonte Agag, den Amalekiterkönig, und wurde wegen seines Ungehorsams von Gott verstoßen (1. Sam 15). Mordokai, ebenfalls ein Sohn Kis' (Est 2, 5), veranlaßte die Tötung Hamans, des Agagiters (Est 3, 1). Er erfüllte dadurch das Gericht Gottes und gelangte zu großer Ehre.

4. Inhaltsübersicht

I. Esther 1–3: Die Juden in Gefahr

Kapitel 1	Ahasveros verstößt Vasti
Kapitel 2	Ahasveros macht Esther zur Königin
Kapitel 3	Hamans Ehrung und Plan zur Vernichtung der Juden

II. Esther 4–10: Die Rettung der Juden

Kapitel 4	Mordokai schaltet Esther ein
Kapitel 5	Esthers Einladung zum Gastmahl
Kapitel 6	Haman muß Mordokai ehren
Kapitel 7	Hamans Sturz und Hinrichtung
Kapitel 8, 1–9, 16	Rache der Juden
Kapitel 9, 17–32	Das Purimfest
Kapitel 10	Nachwort

Das Buch Hiob

42 Kapitel

1. Verfasser und Entstehungszeit

Das Buch Hiob (der Name wird mit „Angefeindet, verhaßt" erklärt) enthält keine einzige Datums- und nur spärliche Ortsangaben. Dadurch entzieht sich dieses so besondere Buch weitgehend dem Versuch, es geschichtlich genau einzuordnen.

Als in Frage kommende Verfasser wurden im Laufe der Zeit vermutet: Hiob selbst, Mose, Salomo, Jesaja, Hesekiel und Baruch. Aber alle diese Annahmen sind unsicher. Die älteste Auffassung setzt die Entstehungszeit des Buches in oder sogar vor der Zeit Moses an. Das Buch Hiob beziehungsweise die darin beschriebenen Ereignisse weisen jedenfalls auf eine sehr frühe Entstehungszeit hin. In der Hauptsache sind es die folgenden Tatsachen:

- das hohe Alter Hiobs (Kap. 42, 16)
- die Nichterwähnung des Volkes Israel
- die Gewohnheit, zu Hause zu opfern (nur Brandopfer!)
- die Erwähnung der Münze „Kesita" (Hiob 42, 11), die sonst nur in 1. Mose 33, 19 und Josua 24, 32 vorkommt
- wie Abraham kannten Hiob und seine Freunde Gott als den „Allmächtigen".

Diese und weitere Einzelheiten weisen auf die Zeit der Patriarchen hin.

Das Land Uz (Kap. 1, 1) wird allgemein östlich des Jordan auf der Grenze zu Arabien vermutet, und zwar im Lande Edom (vgl. Klgl 4, 21) oder in dessen Nähe. In der Septuaginta (griechische Übersetzung des AT) wird Hiob sogar mit Joab, dem zweiten Edomiterkönig (1. Mo 36, 33) identifiziert.

Hiobs Geschichte wird vom Heiligen Geist dadurch bestätigt, daß er sowohl im AT (Hes 14, 14. 20) als auch im NT (Jak 5, 11) als geschichtliche Person erwähnt wird.

2. Zweck der Niederschrift

In den heutigen Bibelausgaben wird das Buch Hiob zu den „poetischen Büchern" (Hiob, Psalmen, Sprüche, Prediger, Hohelied) gerechnet. In der hebräischen Bibel gehört das Buch zu den „Schriften" (hebräisch: *Ketubim*), dem dritten Teil des AT.

Das Buch Hiob ist eine Rahmenerzählung, deren Beginn (Kap. 1–2) und Ende (Kap. 42, 7–17) in Prosa gehalten ist, während die dazwischen liegenden Reden im Hebräischen in Gedichtform geschrieben sind. Nun unterscheidet sich die hebräische Dichtung von der abendländischen sehr stark. Sie ist nicht durch Versmaß und Endreim gekennzeichnet, sondern durch Bildersprache, Parallelismen und zum Teil durch Rhythmus und Alliteration oder Stabreim (vgl. hierzu im Kapitel „Die Psalmen" Abs. 3a: „Die hebräische Dichtkunst", S. 120). Das Thema des Buches Hiob ist das Handeln Gottes mit den Menschen in Seinen Regierungswegen in einer Welt, in die Satan, der Widersacher Gottes, die Sünde, das Leiden und den Tod eingeführt hat. Dieses Handeln Gottes mit den Menschen hat jedoch immer ein gutes Ziel (vgl. Röm 8, 28).

Hiob war ein reicher, aber gerechter und gottesfürchtiger Mann. Gott erlaubte dem Satan, Hiob seine Reichtümer, seine Familie und seine Gesundheit zu nehmen. Mit seinen drei Freunden sprach Hiob über das Problem, warum ein gerechter Gott einen gerechten Menschen unschuldig leiden läßt. Die drei Freunde Eliphas, Bildad und Zophar verstanden diese Wege Gottes nicht. Sie meinten, daß Gott Hiob für irgendwelche Sünden strafte und sahen nicht, daß Gott das Leiden auch dazu benutzt, die Gläubigen zu läutern und zu erziehen.

In seinen drei Reden stützt Eliphas sich moralisierend auf die menschliche *Erfahrung* (Kap. 4, 8).

Bildad, der Hiob auch dreimal anspricht, begründet seine philosophischen Ausführungen mit der *Tradition* (Kap. 8, 8).

Schließlich führt Zophar die Leiden Hiobs in etwas hochmütiger und gesetzlicher Weise auf mangelnden Gehorsam gegenüber den *Forderungen Gottes* zurück (Kap. 11, 5–16).

Aber Hiob hält ihnen gegenüber verzweifelt an seiner Gerechtigkeit und Aufrichtigkeit fest. Er meint, daß Gott ihn ungerecht behandelt, hofft jedoch, daß Er ihn schließlich doch annehmen wird.

Dann tritt Elihu auf. Er ist der Bote und Typus des Herrn (Kap. 32, 8; 33, 4). Er legt dar, daß Gott den Menschen züchtigt, um ihn zu läutern und näher zu Sich zu bringen. Dadurch bringt Elihu Licht in die Dunkelheit und führt Hiob in Gottes Gegenwart. Der Grund aller falschen Schlußfolgerungen Hiobs lag darin, daß er nicht begriff, daß Gott ihn einer tiefgreifenden Prüfung unterziehen wollte.

Als Gott selbst dann mit Hiob spricht, bekennt dieser schließlich: „Mit dem Gehör des Ohres hatte ich von dir gehört, aber nun hat mein Auge dich gesehen. Darum verabscheue ich mich und bereue in Staub und Asche" (Kap. 42, 5–6). Nun kann Gott Hiob wieder segnen.

Das Buch Hiob ist ein zeitloses Buch, in dem das zu allen Zeiten und überall auftauchende Problem des menschlichen Leidens – und zwar speziell bei den Gläubigen – behandelt wird. Die Tatsache, daß es sich hierbei nicht um ein zeit- und ortsbedingtes Thema handelt, wird (wie bereits erwähnt) dadurch unterstrichen, daß in diesem Buch keine geschichtlichen Zeitangaben erwähnt werden.

Das Buch Hiob ist immer wieder zu den besten Werken der Weltliteratur gezählt worden. Martin Luther soll es „großartig und erhaben wie kein anderes Buch der Schrift" genannt haben. Viele Leidenden haben in ihrer Not Trost und Kraft daraus geschöpft.

3. Besonderheiten

a) Der Erlöser

Wir wissen heute, daß die Antwort auf Hiobs Frage: „Wie könnte ein Mensch gerecht sein vor Gott?“ (Kap. 9, 2; 25, 4) erst im NT gegeben wird. Sehr bemerkenswert ist jedoch, daß an verschiedenen Stellen des Buches Hiob bereits deutliche Hinweise auf den kommenden Erlöser zu finden sind:

- Kap. 9, 33: der Schiedsmann
- Kap. 16, 19: der Zeuge
- Kap. 19, 25: der Erlöser
- Kap. 33, 23: der Gesandte und Ausleger

b) Der Widersacher

Satan, der Feind Gottes und der Menschen, tritt in Kapitel 1 und 2 mehrfach auf den Plan. Als gefallener Engelfürst (vgl. 1.Tim 3, 16; Jes 14, 12–15; Hes 28, 14–19) hat er noch Zutritt zum Throne Gottes in den Himmeln. Dort ist er der „Verkläger der Brüder“ (Off 12, 10). Seine Macht ist jedoch durch das Kreuz von Golgatha gebrochen (Heb 2, 14). Während des Tausendjährigen Reiches wird er gebunden sein und am Ende für ewig in den Feuersee geworfen (Off 20, 1–3. 10). Im AT wird der Name Satan nur noch in 1. Chronika 21, 1 und Sacharja 3, 1–2 erwähnt.

4. Inhaltsübersicht

I. Hiob 1–2: Hiobs Prüfung

Kapitel 1	Hiob verliert alles
Kapitel 2	Hiob wird krank

II. Hiob 3–31: Hiob und seine drei Freunde

1) Kapitel 3–14	Das erste Gespräch
Kap. 3	Hiobs erste Rede
Kap. 4–5	Eliphas' erste Rede
Kap. 6–7	Hiobs erste Antwort

Kap. 8	Bildads erste Rede
Kap. 9–10	Hiobs zweite Antwort
Kap. 11	Zophars erste Rede
Kap. 12–14	Hiobs dritte Antwort

2) Kapitel 15–21	Zweites Gespräch
Kap. 15	Eliphas' zweite Rede
Kap. 16–17	Hiobs vierte Antwort
Kap. 18	Bildads zweite Rede
Kap. 19	Hiobs fünfte Antwort
Kap. 20	Zophars zweite Rede
Kap. 21	Hiobs sechste Antwort

3) Kapitel 22–31	Drittes Gespräch
Kap. 22	Eliphas' dritte Rede
Kap. 23–24	Hiobs siebte Antwort
Kap. 25	Bildads dritte Rede
Kap. 26	Hiobs achte Antwort
Kap. 27–31	Hiobs Selbstrechtfertigung

III. Hiob 32–42: Hiobs Beugung

1) Kapitel 32–37	Elihus Rede
Kap. 32	Elihus Einleitung
Kap. 33	Elihus Kritik
Kap. 34–35	Elihus Widerlegung der Klagen Hiobs
Kap. 36–37	Die Größe Gottes

2) Kapitel 38, 1–42, 6	Gottes Antwort
Kap. 38–39	Die Größe der Schöpfung
Kap. 40–41	Die Größe Gottes
Kap. 42, 1–6	Hiobs Selbstgericht

3) Kapitel 42, 7–17	Hiobs Segnungen

Das Buch der Psalmen (Der Psalter)

150 Psalmen

1. Verfasser und Entstehungszeit

Das Buch der Psalmen ist wohl der am besten bekannte Teil des AT. Es ist eine Sammlung von 150 Gedichten oder Liedern von verschiedenen Verfassern, die ähnlich wie der Pentateuch (die 5 Bücher Mose) in fünf Bücher eingeteilt sind.

73 Psalmen, hauptsächlich im ersten, zweiten und fünften Buch, stammen von David. Zwölf Psalmen tragen den Namen Asaphs, des „Tempelchorleiters" Davids (1. Chr 16, 7; 2. Chr 29, 30). Es sind die Psalmen 50 und 73–83. Zehn Psalmen sind von den Söhnen Korahs (Ps 42, 44–49, 84, 85, 87), zwei von Salomo (Ps 72, 127), je einer von Mose (Ps. 90), Ethan (Ps 89) und Heman (Ps 88; hier muß die Überschrift lauten: für die Söhne Korahs). Die übrigen 50 Psalmen weisen keine Verfassernamen auf.

Im NT werden die folgenden Psalmen ebenfalls David zugeschrieben: Psalm 2 (Apg 4, 25) und Psalm 95 (Heb 4, 7). Zusammen mit denjenigen, die Davids Namen tragen, ergibt sich die Anzahl 75, das heißt also, daß David genau die Hälfte aller Psalmen selbst gedichtet hat.

David war dafür sehr geeignet. Er war ein fähiger Dichter, Spieler und Sänger (1. Sam 16, 18; 2. Sam 23, 1), er war mit dem Geist Gottes erfüllt (1. Sam 16, 13; 2. Sam 23, 2) und hatte in seinem Glaubensleben viele Erfahrungen mit Gott gemacht. Daß David auf dem Gebiet der geistlichen Poesie und Musik sehr aktiv war, geht aus vielen Stellen der Heiligen Schrift hervor (z. B. 1. Sam 18, 10; 2. Sam 1, 17–18; 6, 5; 1. Chr 6, 31; 16, 7; 25, 1; 2. Chr 7, 6; 29, 30; Esra 3, 10; Neh 12, 24. 36. 45; Amos 6, 5).

Einige Male gibt David den Anlaß oder die Gelegenheit der Abfassung eines Psalms in der Überschrift an: Psalm 3, 7, 18, 34,

51, 52, 54, 56, 57, 59, 60, 63, 142. Eine dieser Gelegenheiten wird in 2. Samuel 22 geschildert. Dort finden wir eine nahezu wörtliche Parallele zu Psalm 18.

Am ältesten ist wohl Psalm 90: „Ein Gebet von Mose, dem Manne Gottes". Mose lebte im 15. Jh. v. Chr. Die meisten Psalmen sind jedoch in der Zeit Davids entstanden, der den Tempelgesang einführte (1. Chr 25). Zur Zeit Hiskias (2. Chr 29, 25–30) wird hierauf und auf die Psalmen Davids und Asaphs Bezug genommen. Diese Psalmen waren also bereits zu einer Art Sammlung vereinigt. In den Tagen Esras (5. Jh v. Chr.) wurden dann die letzten Psalmen gedichtet. Psalm 137 weist deutlich auf die Babylonische Gefangenschaft hin. Nach Auffassung vieler Forscher war es der Priester und Schriftgelehrte Esra selbst, der unter der Leitung des Heiligen Geistes die endgültige Sammlung der Psalmen besorgte (vgl. Esra 3, 10).

2. Zweck der Niederschrift

a) Allgemeines

Das Buch der Psalmen ist das erste und hauptsächliche Buch des dritten Teiles der hebräischen Bibel, der „Schriften" (hebr. *Ketubim*). In Lukas 24, 44 ist mit den Psalmen daher auch wohl der ganze dritte Teil des AT gemeint. Der hebräische Titel lautet: *Tehillim* (von hebräisch *hillil* „preisen"; vgl. Halleluja) und bedeutet „Lobpreisungen". Der Name „Psalm" für ein einzelnes Loblied stammt aus dem Griechischen und bedeutet „Gesang mit Begleitung" oder „Saitenspiel".

Die Psalmen sprechen den Bibelleser besonders an, weil in ihnen, mehr als in anderen Büchern, die Gefühle gottesfürchtiger Männer zum Ausdruck kommen, sei es im Gebet, im Bekenntnis, im Lobgesang oder im Schmerz. In vielen dieser Situationen findet sich der Bibelleser wieder und fühlt sich daher von den Psalmen besonders angezogen und angesprochen.

b) Der prophetische Charakter der Psalmen

Aber damit ist der Gehalt der Psalmen noch nicht erschöpft. Die Psalmisten beschrieben nämlich nicht nur ihre eigenen Empfindungen. In ihnen wirkte der Geist Christi, der an ihren Bedrängnissen und Freuden teilnahm und sich darin mit ihnen einsmachte (vgl. Jes 63, 9; 1. Pet 1, 11). Das erklärt uns, warum wir Christus überall in den Psalmen finden, nicht nur in den allgemein als „messianische Psalmen" anerkannten, wie zum Beispiel Psalm 16, 22, 24, 40, 68, 69 und 118. In letzteren tritt Er zwar ganz besonders hervor, aber viele Psalmen werden im NT auf Christus bezogen, die allgemein nicht als messianische Psalmen bezeichnet werden. Dabei sind besonders zu nennen:

Psalm 2, 7:	„Du bist mein Sohn, heute habe ich dich ge zeugt" (Apg 13, 33).
Psalm 8, 6:	„Alles hast du unter seine Füße gestellt" (Heb 2, 6–10).
Psalm 41, 9:	„Selbst der Mann, … der mein Brot aß, hat die Ferse wider mich erhoben" (Joh 13, 18).
Psalm 45, 6:	„Dein Thron, o Gott, ist immer und ewiglich" (Heb 1, 8).
Psalm 110, 1:	„Jehova sprach zu meinem Herrn: Setze dich zu meiner Rechten …" (Mt 22, 44).

Noch manche Stellen könnten zu dieser Aufstellung hinzugefügt werden. Fast die Hälfte aller messianischen Zitate im NT entstammt den Psalmen.

Wenn man diese geistliche Verbindung Christi mit den gläubigen Israeliten, die die Psalmen schrieben, sieht, erschließt sich der wahre Sinn des Buches, der *prophetisch* ist. Der Geist Christi vereinigt sich mit den Erfahrungen und Empfindungen dieser gläubigen Israeliten. Deshalb werden auch die Leiden des Herrn und Seine Empfindungen als wahrer, vollkommener Mensch darin in so ergreifender Weise beschrieben, denn sie sind ein Beweis Seines Interesses an Seinem irdischen Volk.

Der *prophetische* Charakter der Psalmen spiegelt sich auch darin wider, daß die Geschichte des jüdischen Überrestes in der Endzeit beschrieben wird, aber wiederum nicht die äußeren Ereignisse, sondern die inneren Empfindungen. Das erklärt auch die manchem Leser schwierig erscheinenden Bitten um Bestrafung oder Rache an den Feinden (z. B. Ps 137, 9). Die Gefühle, die in diesen Psalmen zum Ausdruck kommen, sind zwar Gefühle von Gläubigen, aber nicht von Christen, die in der Gnadenzeit leben (vgl. Röm 12, 17–21), sondern – prophetisch gesehen – von gläubigen Juden in der kommenden Endzeit, die auf die Rettung Gottes und die gerechte Bestrafung ihrer Unterdrücker, besonders des Antichristen, warten werden.

c) Aufbau des Buches der Psalmen

Vom prophetischen Gesichtspunkt aus ergibt sich eine recht klare Aufteilung des ganzen Buches. Alle anderen Einteilungen sind mehr oder weniger unbefriedigend. Auffällig ist auch die Ähnlichkeit zwischen dem Aufbau des Buches der Psalmen und des Pentateuch, wobei sich gewisse Parallelen feststellen lassen. Der erste Psalm jedes Buches enthält gewissermaßen die „Überschrift", der letzte Psalm jedes Buches endet mit Lobgesang

Buch I
Das erste Buch der Psalmen stellt den Grundsatz der Trennung der Gerechten von den Ungerechten im Volke Gottes vor. Damit verbunden wird der Messias als Sohn Gottes (Ps 2), als Sohn des Menschen (Ps 8), als leidender Knecht (Ps 22) und als das wahre Opfer (Ps 40) gesehen. Der vorherrschende Name Gottes in diesem Buch ist Sein Bundesname *Jehova* (er kommt ungefähr 275mal vor).

Buch II
Im zweiten Buch finden wir das Leiden der Gerechten, die, getrennt von allem Segen, in großer Trübsal leben und in ihrer Not zu *Gott* (Elohim kommt ungefähr 200mal vor) rufen.

Buch III
Das dritte Buch beschreibt die Umkehr Israels als Volk und die Güte Gottes zu diesem Seinem Volk.

Buch IV
Das vierte Buch beginnt mit der Herrschaft *Jehovas* (ca. 100 Vorkommen) nach der Einführung des Erstgeborenen in den Erdkreis. Damit beginnt die Zeit der Herrschaft des verherrlichten Menschensohnes im Tausendjährigen Reich nach der Errettung von ganz Israel.

Buch V
Das fünfte Buch enthält die Zusammenfassung aller Wege Jehovas mit Seinem Volk Israel sowie den Lobgesang, der Ihm gebührt für Seine Güte (Ps 111–113; 146–150).

3. Besonderheiten

a) Die hebräische Dichtkunst

In der klassischen europäischen Dichtkunst spielen Reim, Rhythmus und Versmaß sowie zum Teil die Einteilung in Strophen eine wichtige Rolle. Ganz anders ist die hebräische Poesie. Reim und Versmaß sind gänzlich unbekannt. Eine Stropheneinteilung in heutigem Sinn gibt es nicht. Allerdings findet sich eine Art Einteilung in Psalm 119, dessen 22 Abschnitte von je 8 Versen fortlaufend jeweils mit demselben Buchstaben des hebräischen Alphabets beginnen, das heißt, die Verse 1–8 beginnen mit dem Buchstaben *Aleph*, Verse 9–16 mit *Beth* usw. (Akrostichon).

Damit haben wir bereits eines der Stilmittel der hebräischen Poesie erwähnt: die *Alliteration* (Stabreim), bei der nicht die Wortenden, sondern die Wortanfänge gleich lauten. Eine Abart davon, die sich in den Psalmen 9 und 10, 25, 34 37, 111, 112, 145 sowie in Sprüche 31, 10–31 und in Klagelieder 1–4 findet, ist die Methode, jeden Vers mit den aufeinanderfolgenden Buchstaben des hebräischen Alphabets beginnen zu lassen (vgl. auch Ps 119). Ein weiteres Element der hebräischen Dichtkunst sind die oft sehr bildlichen *Vergleiche* (s. Ps 1, 3; 22, 12–16).

Das wichtigste Kennzeichen ist jedoch der *Parallelismus*. Er besagt, daß eine Aussage durch Wiederholung unterstrichen oder erweitert wird. Man unterscheidet drei Arten des Parallelismus:

– den gleichartigen (synonymen) Parallelismus, zum Beispiel Psalm 49, 1: „Höret dies, ihr Völker, alle; nehmet zu Ohren, alle Bewohner der Welt“. – Der gleiche Gedanke wird mit anderen Worten zweimal ausgedrückt.

– den gegensätzlichen (antithetischen) Parallelismus, zum Beispiel Psalm 1, 6: „Denn Jehova kennt den Weg der Gerechten; aber der Gesetzlosen Weg wird vergehen“. – Hier wird der Gedanke des Vordersatzes durch den Gegensatz im Nachsatz unterstrichen.

– den verbindenden (synthetischen) Parallelismus, zum Beispiel Psalm 22, 4: „Auf dich vertrauten unsere Väter, sie vertrauten, und du errettetest sie“. – Der Nachsatz ergänzt und erweitert den im Vorsatz ausgedrückten Gedanken.

b) Die Überschriften der Psalmen

Alle Psalmen tragen, bis auf wenige Ausnahmen, eine Überschrift. Diese 34 überschriftslosen Psalmen sind: 1, 2, 10, 43, 71, 91, 93–97, 99, 104 107, 111–119, 135–137, 146–150 (die Worte „Lobet Jehova“ vor einigen Psalmen sind eigentlich keine Überschrift, sondern gehören zum Text).

Die wichtigsten Überschriften sind:

– Maskil:	13 Psalmen tragen diese Überschrift (Ps 32, 42, 44, 45, 52–55, 74, 78, 88,89, 142). Maskil bedeutet wahrscheinlich Belehrung oder Unterweisung
– Gedicht:	Die Psalmen 16 und 56–60 werden in der Überschrift „Gedicht“ (hebr. *Miktam*) genannt.
– Stufenlied:	Die Psalmen 120–134 sind Stufenlieder, eigentlich Lieder des Hinaufgehens. Es wird angenommen, daß sie entweder auf den Reisen zu den großen Festen in Jerusalem oder beim Hinaufgang zum Tempelberg gesungen werden sollten.
– dem Vorsänger:	55 Psalmen aus Davids Zeit haben diesen Hinweis in ihrer Überschrift. Der Vorsänger

> war sicher der Chorleiter im Tempel. Wir dürfen darin einen Hinweis auf den Herrn Jesus sehen, der selbst inmitten der Seinen den Lobgesang anstimmt (vgl. Ps 22, 22; Heb 2, 12).

Die übrigen Ausdrücke bedürfen entweder keiner besonderen Erklärung oder werden in den verschiedenen Bibelausgaben erläutert.

4. Inhaltsübersicht

I. Buch (Psalm 1–41): Trennung der Gerechten von den Ungerechten

Psalm 1:	Der Gerechte und der Gesetzlose
Psalm 2:	Gottes König: der Messias
Psalm 3:	Davids Vertrauen auf den unveränderlichen Gott
Psalm 4:	Davids Vertrauen auf die besondere Fürsorge Gottes
Psalm 5:	Jehova erhört das Rufen der Seinen
Psalm 6:	Bitte um Barmherzigkeit
Psalm 7:	Gebet um gerechte Bestrafung des Bedrückers
Psalm 8:	Die Herrschaft des Sohnes des Menschen
Psalm 9:	Lob Gottes für den Sieg über die Feinde
Psalm 10:	Bitte um Rettung vor dem Gesetzlosen
Psalm 11:	Der Gerechte inmitten der Gesetzlosigkeit
Psalm 12:	Das Vertrauen des Gerechten auf Gott
und 13:	und Sein Wort
Psalm 14:	Das allgemeine Verderben der Menschheit
Psalm 15:	Die Kennzeichen der wahren Gottesfürchtigen
Psalm 16:	Christus als der vollkommene Mensch
Psalm 17:	Das Gebet des Gerechten um Schutz
Psalm 18:	Das Lob Gottes
Psalm 19:	Das Zeugnis Gottes in der Schöpfung
Psalm 20:	Die Hilfe aus dem Heiligtum
Psalm 21:	Das königliche Siegeslied
Psalm 22:	Christi Leiden und Herrlichkeit
Psalm 23:	Christus, der gute Hirte
Psalm 24:	Christus, der König der Herrlichkeit

Psalm 25: Bitte um Rettung und Vergebung
Psalm 26: Gebet eines Aufrichtigen
Psalm 27: Verlangen nach Gottes Gegenwart
Psalm 28: Ruf in der Not
Psalm 29: Gottes Macht steht über allem
Psalm 30: Lob für Gottes Hilfe
Psalm 31: Errettung vor dem Feind
Psalm 32: Der Segen der Vergebung
Psalm 33: Anbetung des Schöpfers
Psalm 34: Erfahrung derer, die Gott lieben
Psalm 35: Hilferuf des Bedrängten
Psalm 36: Die Gesinnung der Gottlosen und die Güte Gottes
Psalm 37: Vertrauen auf Gott in einer bösen Welt
Psalm 38: Die Leiden der Gläubigen wegen ihrer Sünde
Psalm 39: Die Nichtigkeit alles Fleisches
Psalm 40: Christus, der gehorsame Knecht Gottes
Psalm 41: Vertrauen, Verrat und Triumph

II. Buch (Psalm 42–72): Die Leiden der Gerechten

Psalm 42: Das Verlangen des Frommen nach Gott
Psalm 43: Fortsetzung von Psalm 42
Psalm 44: Gottes Volk ruft in der Not zu Gott
Psalm 45: Christus, der König und Bräutigam
Psalm 46: Gott ist Zuflucht und Stärke
Psalm 47: Die Herrschaft Gottes als König
Psalm 48: Die Stadt Gottes
Psalm 49: Eitelkeit des irdischen Reichtums
Psalm 50: Gottes gerechtes Gericht
Psalm 51: Sündenbekenntnis und Buße
Psalm 52: Die Verurteilung des Gottlosen
Psalm 53: Der Abfall der Gottlosen
Psalm 54: Der Gottesfürchtige ruft um Rettung
Psalm 55: Bewahrung in der Bedrückung
Psalm 56: Vertrauen auf Gottes Treue
Psalm 57: Vertrauen auf Gottes Rettung
Psalm 58: Gott offenbart sich im Gericht
Psalm 59: Hilfe für Hilflose
Psalm 60: Klagelied in großer Bedrängnis

Psalm 61: Gott ist die wahre Zuflucht
Psalm 62: Gott allein rettet
Psalm 63: Dürsten nach Gott
Psalm 64: Das Schicksal der Feinde
Psalm 65: Der reiche Segen Gottes
Psalm 66: Anerkennung des gerechten Einschreiten Gottes
Psalm 67: Ausblick auf den Segen
Psalm 68: Die Vollendung der Befreiung
Psalm 69: Die Klage des verworfenen Messias
Psalm 70: Ruf um Rettung
Psalm 71: Das Aufleben des Volkes Gottes
Psalm 72: Ankündigung der Friedensherrschaft

III. Buch (Psalm 73–89): Umkehr des Volkes und Gottes Güte

Psalm 73: Ein Rätsel und seine Lösung
Psalm 74: Die Zerstörung des Heiligtums
Psalm 75: Gottes Eingreifen durch Gericht
Psalm 76: Die Siegesmacht Gottes
Psalm 77: Rückblick im Glauben
Psalm 78: Gottes Handeln in der Geschichte Israels
Psalm 79: Gebet bei der Verwüstung Jerusalems
Psalm 80: Gebet des Volkes in seiner Not
Psalm 81: Das Volk schöpft Hoffnung
Psalm 82: Gott richtet die Richter
Psalm 83: Gebet beim Angriff des Feindes
Psalm 84: Die Freude am Heiligtum Jehovas
Psalm 85: Gottes Volk genießt den verheißenen Segen
Psalm 86: Die gottesfürchtige Seele betet demütig zu Gott (der einzige Psalm Davids im dritten Buch)
Psalm 87: Zion, die Stadt Gottes
Psalm 88: Ein Gebet aus tiefster Not
Psalm 89: Gottes Bund und Seine Treue

IV. Buch (Psalm 90–106): Die Regierung Jehovas im Tausendjährigen Reich

Psalm 90: Der ewige Gott und die sterblichen Menschen (von Mose, d. h., wahrscheinlich der älteste Psalm)

Psalm 91: Vorbildliches Vertrauen des Menschen zu Gott
Psalm 92: Lobgesang im Heiligtum
Psalm 93: Jehova regiert in Majestät
Psalm 94: Ruf nach Gerechtigkeit und Rache
Psalm 95: Lob Jehovas als Schöpfer und Erretter Seines Volkes
Psalm 96: Lob Jehovas als Schöpfer und Richter der Erde
Psalm 97: Die Erscheinung Jehovas als König
Psalm 98: Lobpreis Jehovas, des Königs Jehovas Regierung
Psalm 99: Weltweite Anbetung Jehovas
Psalm 100: Jehovas Regierungsgrundsätze
Psalm 101: Gott offenbart im Fleische
Psalm 102: Lob Israels über Gottes Wege
Psalm 103: Lob des Schöpfer-Gottes
Psalm 104: Geschichtlicher Rückblick: Gottes Treue zu Israel
Psalm 105: Geschichtlicher Rückblick: Israels Untreue gegen Gott

V. Buch (Psalm 107–150): Zusammenfassung der Wege Jehovas mit Seinem Volk

Psalm 107: Jehova rettet aus allen Schwierigkeiten
Psalm 108: Die kommende Rettung
Psalm 109: Der angefeindete Christus
Psalm 110: Christus als Priester und König
Psalm 111: Lob der wunderbaren Werke Jehovas
Psalm 112: Jehovas Segen für die Gottesfürchtigen
Psalm 113: Lob des Namens Jehovas
Psalm 114: Die Macht des Gottes Jakobs
Psalm 115: Gott allein gebührt die Ehre
Psalm 116: Lob Gottes für Seine Hilfe in der Not
Psalm 117: Der Lobpreis der Nationen (der kürzeste Psalm)
Psalm 118: Israel erkennt den wahren Eckstein (dieser Psalm wird im NT am häufigsten zitiert)
Psalm 119: Lobpreis des Wortes Gottes (der längste Psalm)
Psalm 120: Die Einsamkeit des Gottesfürchtigen
Psalm 121: Gott als Beschützer Israels

Psalm 122:	Das Haus und die Stadt Gottes
Psalm 123:	Israels Hilfsquelle in der Trübsal
Psalm 124:	Rettung in der Not
Psalm 125:	Vollkommene Geborgenheit
Psalm 126:	Tränensaat und Freudenernte
Psalm 127:	Segen über das Haus
Psalm 128:	Segen über die Familie
Psalm 129:	Gottes mächtige Hand
Psalm 130:	Buße und Vergebung
Psalm 131:	Ruhe und Befriedigung
Psalm 132:	Die Wohnung Jehovas in Zion
Psalm 133:	Der Segen brüderlicher Gemeinschaft
Psalm 134:	Anbetung im Heiligtum
Psalm 135:	Erkenntnis und Anbetung des wahren Gottes
Psalm 136:	Lob der ewigen Güte Gottes
Psalm 137:	Erinnerung an das Exil
Psalm 138:	Lob Gottes für Seine Errettung
Psalm 139:	Die herzerforschende Gegenwart Gottes
Psalm 140:	Jehova, die Hilfsquelle der Gerechten
Psalm 141:	Gebet des Gerechten inmitten der Gottlosen
Psalm 142:	Jehova, die Zuflucht der Einsamen
Psalm 143:	Gebet aus tiefer Not
Psalm 144:	Die wahre Kraftquelle
Psalm 145:	Lobpreis Gottes im Millennium
Psalm 146:	Persönlicher Lobpreis der Gerechten
Psalm 147:	Lobpreis des Volkes Gottes
Psalm 148:	Lobpreis der ganzen Schöpfung
Psalm 149:	Lobpreis durch ein neues Lied
Psalm 150:	Schluß: Zusammenfassung des Lobpreises Gottes

Das Buch der Sprüche

31 Kapitel

1. Verfasser und Entstehungszeit

Das Buch der Sprüche trägt die inspirierte Überschrift: „Sprüche Salomos, des Sohnes Davids“ (Kap. 1, 1). Auch in Kapitel 10, 1 und 25, 1 wird Salomo als Dichter genannt.

In Sprüche 22, 17 und 24, 23 werden die nachfolgenden Sprüche „Worte der Weisen“ genannt. Schließlich werden in Kapitel 30, 1 und 31, 1 Agur und Lemuel als Spruchdichter erwähnt. Über ihre Identität ist uns jedoch nichts weiter bekannt.

Wie David der größte Psalmendichter war, so war Salomo der größte Dichter von Sprüchen. In 1. Könige 4, 29–34 heißt es: „Und Gott gab Salomo Weisheit und sehr große Einsicht, und Weite des Herzens, wie der Sand, der am Ufer des Meeres ist. Und die Weisheit Salomos war größer als die Weisheit aller Söhne des Ostens und als alle Weisheit Ägyptens. Und er war weiser als alle Menschen, als Ethan, der Esrachiter, und Heman und Kalkol und Darda, die Söhne Machols. Und sein Name war unter allen Nationen ringsum. Und er redete dreitausend Sprüche, und seiner Lieder waren tausendundfünf. Und er redete über die Bäume, von der Zeder, die auf dem Libanon ist, bis zum Ysop, der an der Mauer herauswächst; und er redete über das Vieh und über die Vögel und über das Gewürm und über die Fische. Und man kam aus allen Völkern, um die Weisheit Salomos zu hören, von allen Königen der Erde her, die von seiner Weisheit gehört hatten.“

Nur ungefähr tausend der von ihm geredeten Sprüche sind in diesem Buch zusammengefaßt und durch die göttliche Inspiration und Bewahrung erhalten geblieben. Manche der Sprüche Salomos wurden erst über zweihundert Jahre später in der Zeit des Königs Hiskia von dessen Schreibern gesammelt (siehe Sprüche 25, 1). Auch hat Salomo wohl nicht alle Sprüche selbst verfaßt, sondern bereits bekannte Sprüche der Weisen (vgl. Spr 22, 17; 24, 23) übernommen. Dasselbe gilt für den „Anhang" in Sprüche 30–31, in dem die Namen Agur und Lemuel vorkommen. Es ist eher anzunehmen, daß Salomo die Worte dieser Männer gesammelt hat, als daß man sie später einfach hinzugefügt hat. Salomo regierte ca. 970–931 v. Chr. und Hiskia, in dessen Zeit vieles Alte wieder zu Ehren kam, ca. 716–487 v. Chr. Damit sind Anfang und Ende der Entstehungszeit des Buches der Sprüche festgelegt.

2. Zweck der Niederschrift

Die Spruchweisheit spielte im Altertum eine große Rolle. Im Orient ist dies bis heute der Fall. In einer Zeit, als nicht jeder Mensch lesen oder schreiben konnte, war das Erlernen und die Kenntnis weiser Sprüche eine besondere Form der Unterweisung.

So hat man eine gewisse Ähnlichkeit zwischen Sprüche 22, 17–23, 11 und dem ägyptischen Weisheitsbuch des Amenemope festgestellt. Dieser Fund bestätigt zwar die Verbreitung und Beliebtheit von Sprichwortsammlungen im alten Orient. Gleichzeitig wird jedoch auch ein gewaltiger Unterschied deutlich: Die weltliche, heidnische Spruchweisheit besteht aus einer Mischung von Sittenlehre und Zufallsdenken, während das Buch der Sprüche Salomos in der Heiligen Schrift als Ziel die Furcht Jehovas betrachtet, die der Anfang jeder wahren Weisheit ist.

Das Buch der Sprüche zeigt, was der gottesfürchtige Mensch in dieser Welt suchen und was er meiden soll. Es lehrt auch, daß der Mensch unabhängig von seinen geistlichen Segnungen unter der Regierung Gottes das erntet, was er gesät hat. Es enthält die Ratschläge göttlicher Weisheit für das tägliche Leben eines gottesfürchtigen Menschen in all den Schwierigkeiten, Prüfungen, Gefahren und Freuden seines Weges über diese Erde.

Dieses von Salomo, dem König des Friedens, geschriebene Buch der Sprüche weist auch gewisse Parallelen zu den Grundsätzen des Reiches Gottes auf, wie sie der Herr Jesus in Matthäus 5–7 in der sogenannten Bergpredigt dargelegt hat. Die im Buch der Sprüche so häufig erwähnte göttliche Weisheit, die in den Kapiteln 8–9 sogar in personifizierter Weise zu dem Leser spricht, findet im NT ihren vollkommenen Ausdruck in der Person Christi, des Sohnes Gottes (1. Kor 1, 30).

3. Besonderheiten

a) Die Furcht Jehovas

Die Furcht Jehovas ist das Schlüsselwort dieses Buches. Sie ist der Anfang der Erkenntnis (Spr 1, 7) und Weisheit (Spr 9, 10; 15, 33), sie bedeutet Verabscheuung des Bösen (Spr 8, 13; 16, 6), und sie ist eine Quelle des Lebens (Spr 14, 27; 19, 23). Vergleiche außerdem die folgenden Stellen: Sprüche 1, 29; 2, 5; 3, 7; 10, 27; 14, 2.26; 15, 16; 22, 4; 23, 17; 24, 21; 31, 30.

b) Der Name Gottes

Der Name *Gott* kommt in den Sprüchen nur fünfmal vor, der Name *Jehova* (*Jahwe*) ungefähr fünfundachtzigmal. Jehova ist der Name, der die Beziehung Gottes zu Seinen Geschöpfen, den Menschen, besonders aber zu Seinem Volk Israel, ausdrückt (s. die Ausführungen zum 1. Buch Mose, Seite 40).

c) Dichterische Form

Auch das Buch der Sprüche ist in dichterischer Form geschrieben (s. die Ausführungen zu den Psalmen, Seite 120). Sprüche 31, 10–31 sind akrostisch abgefaßt, das heißt, der erste Buchstabe jedes Verses entspricht der Reihenfolge des hebräischen Alphabets.

4. Inhaltsübersicht

I. Sprüche 1–9: Einleitung

1. Kapitel 1,1–7	Titel und Zweck des Buches
2. Kapitel 1, 8–9, 18	Das Lob der Weisheit
Kap. 1, 8–33	Warnung vor Sündern und Aufruf der Weisheit
Kap. 2	Der Pfad der Weisheit
Kap. 3	Die Lehren der Weisheit
Kap. 4	Das Streben nach Weisheit
Kap. 5	Reinheit im Wandel
Kap. 6	Warnung vor verschiedenen Sünden
Kap. 7	Warnung vor Hurerei
Kap. 8	Die personifizierte Weisheit
Kap. 9	Weisheit und Torheit

II. Sprüche 10, 1 – 22, 16: Sprüche Salomos: Wandel in Gottesfurcht und Weisheit

Kapitel 10–17	Der Gegensatz zwischen dem Wandel des Gerechten und des Gottlosen
Kapitel 18–19	Das Verhältnis zum Nächsten
Kapitel 20,1–22,16	Persönliches Verhalten

III. Sprüche 22 ,17 – 24, 34: Verschiedene Sprüche der Weisen

Kapitel 22,17–29	Einleitung und persönliche Warnungen
Kapitel 23	Persönliche Warnungen
Kapitel 24	Weisheit und Torheit

IV. Sprüche 25–29: Unter Hiskia gesammelte Sprüche Salomos

Kapitel 25	Empfehlung für Gottesfurcht und Weisheit
Kapitel 26	Warnung vor Torheit, Trägheit und Bosheit
Kapitel 27	Weises Verhalten im Umgang mit anderen
Kapitel 28–29	Merkmale der Gesetzlosen und der Gerechten

V. Sprüche 30–31: Die Worte Agurs und Lemuels

Kapitel 30	Agurs Bekenntnis und Belehrungen
Kapitel 31	Lemuels Unterweisung; die tüchtige Ehefrau

Der Prediger

12 Kapitel

1. Verfasser und Entstehungszeit

Ein Verfassername wird im Buche „Prediger“ nicht erwähnt. Schon die alte jüdische Überlieferung sagt jedoch, daß der König Salomo der Verfasser dieses Bibelbuches ist. Zwar ist die Urheberschaft Salomos des öfteren in Zweifel gezogen worden, erstens aus sprachlichen Gründen und zweitens, weil der Name *Jehova* in diesem Buch nicht vorkommt. Beide Gründe sind jedoch weder stichhaltig noch zwingend (s. dazu das in Abschnitt 3 „Besonderheiten“ Gesagte).

In Prediger 1, 1. 12 nennt der Verfasser sich selbst Sohn Davids und König in Jerusalem. In Vers 16 spricht er von seiner großen Weisheit, die nach 1. Könige 3, 12; 4, 2ff; 10, 1 nur der König Salomo besaß. In Prediger 12, 9 erwähnt er, daß er viele Sprüche verfaßte. Auch diese Tatsache spricht nur für Salomo (s. 1. Kön 4, 32; Spr 1, 1).

Verschiedene Ausdrücke im Buche Prediger deuten darauf hin, daß Salomo dieses Buch erst im Alter schrieb (Pred 1,12 – 2,11; 11, 9 – 12, 7). Hier blickt der Schreiber also auf ein langes Leben und auf alle seine Gedanken und Taten zurück, warnt die Jugend und weist auf das Alter hin.

Der König Salomo regierte ca. 970–931 v. Chr. Das Buch Prediger ist somit am Ende dieser Periode entstanden.

2. Zweck der Niederschrift

Der Prediger gehört in der hebräischen Bibel zum letzten Teil, den „Schriften“ (hebr. *Ketubim*), und zwar zu den sogenannten fünf Schriftrollen (hebr. *Megillot*), die noch heute an den jüdischen Festtagen gelesen werden. Der Prediger wird in der Synagoge am Laubhüttenfest gelesen.

Die Verse 2–3 des ersten Kapitels geben den Inhalt und Zweck des Buches Prediger passend wieder: „Eitelkeit der Eitelkeiten! spricht der Prediger; Eitelkeit der Eitelkeiten! alles ist Eitelkeit. Welchen Gewinn hat der Mensch bei all seiner Mühe, womit er sich abmüht unter der Sonne?“ Das Wort „Eitelkeit“ kommt nicht weniger als siebenunddreißigmal in diesem Buch vor! Es ist das hebräische Wort *hevel*, das auch in dem Namen steckt, den das erste Menschenpaar seinem zweiten Sohn Abel gab (1. Mo 4, 2), nachdem die Sünde durch ihren Ungehorsam in die Welt gekommen war. Auch der Ausdruck „unter der Sonne“ kommt neunundzwanzigmal vor. Er unterstreicht den Charakter dieses Buches, das das Leben auf dieser Erde aus der Sicht des gefallenen Menschen beschreibt und das daher zu Recht eine Darstellung der Folgen des Fluches des Sündenfalls genannt worden ist (vgl. 1. Mo 3, 17–19).

Die dem Buche Prediger zugrunde liegende Kernfrage könnte man wie folgt formulieren: Wie verbringt der Mensch sein Leben am besten? – Die Antworten auf diese Frage werden meist aus menschlicher Sicht gegeben. Sie vermitteln daher den Eindruck, als ob der Verfasser von der göttlichen Wahrheit weit entfernt wäre. Einige solcher falschen Schlußfolgerungen stehen in Prediger 3, 19–22; 7, 16–17; 8, 15; 9, 6. 10.

Solche Aussagen können bei dem Leser des Buches Prediger die Frage aufwerfen: wie kann so etwas in Gottes Wort stehen? Dabei ist die Erklärung nicht schwer. Diese menschlichen Schlüsse sind keine göttliche *Offenbarung* (wie z. B. der Brief an die Epheser im NT), sie sind aber durch die göttliche *Inspiration* in die Bibel aufgenommen worden. Die Erfahrungen und Gedanken Salomos werden als Äußerungen eines über das Leben enttäuschten Menschen festgehalten, auch wenn darin der Mensch nicht als in lebendiger Glaubensbeziehung zu Gott betrachtet wird (obwohl jeder Mensch als Geschöpf seinem Schöpfer verantwortlich ist). Man hat den Prediger daher oft als ein Buch mit skeptischem oder pessimistischem Charakter bezeichnet. Tatsächlich findet sich im Prediger kein Wort des Lobes Gottes und nichts von Gnade und Erlösung. Wenn der Name Gottes erwähnt wird, dann nie als *Jehova*, sondern nur als *Elohim* (insgesamt über vierzigmal).

Die direkte Belehrung des Menschen durch Gott erscheint in diesem Buch erst in Kapitel 12, 11–14. Diese Schlußworte des Predigers kann man auch als eine passende Einleitung zu dem Buch der Sprüche betrachten, das in der deutschen Bibel zwar dem Prediger vorausgeht, aus geistlicher Sicht jedoch einen Fortschritt gegenüber dem Buche Prediger darstellt.

Der Prediger ist eines der wenigen Bücher des AT, die im NT kein einziges Mal angeführt werden, wenn es auch manche parallelen Gedanken gibt (z. B. Pred 5, 1 und Mt 6, 7; Pred 12, 14 und 2. Kor 5, 10; Pred 7, 9 und Jak 1, 19).

3. Besonderheiten

a) Die Überschrift

Der Titel „Prediger" ist die Wiedergabe des hebräischen Wortes weiblichen Geschlechts *qohelet*, das von dem Verb *qahal* „versammeln" abgeleitet ist. Das Wort *qohelet* kommt im Prediger siebenmal vor (Kap. 1, 1. 2. 12; 7, 27; 12, 8–10), sonst aber nirgendwo in der Bibel. Die Übersetzer der Septuaginta haben es mit *ekklesiastes* (von *ekklesia* „Versammlung") wiedergegeben. Dieses schwer zu übersetzende Wort *qohelet* wurde zuerst von Martin Luther mit „Prediger" übersetzt. Aber diese Bedeutung ist angezweifelt worden. Eine andere Erklärung stützt sich auf die Grundbedeutung „öffentlich versammeln". Danach ist die im Buch Prediger beschriebene Weisheit diejenige, die allen Menschen zugänglich ist, sozusagen die Weisheit, die im Vorhof des Tempels gelehrt wird, im Unterschied zu der verborgenen Weisheit des Heiligtums (vgl. Ps 73, 17), die sich nur dem Gläubigen erschließt. Diese Weisheit wird in den Sprüchen beschrieben, die, wie erwähnt, in ihrer Lehre die „Fortsetzung" des Predigers bilden.

b) Der Name Gottes

Bezeichnenderweise kommt der Name *Jehova* in diesem Buch kein einziges mal vor, dagegen *Elohim* (Gott) über vierzigmal.

Bei der Behandlung der fünf Bücher Mose und der Psalmen haben wir bereits gesehen, daß der Name *Elohim* Gott in Seiner Unumschränktheit und Allmacht als Schöpfer bezeichnet. *Jehova* dagegen ist der Name Gottes, der Seine Gnade und Seine Beziehung zu den Menschen, besonders aber zu Seinem Bundesvolk Israel zum Ausdruck bringt. Die Tatsache, daß im Buche Prediger der Name *Jehova* überhaupt nicht erscheint, ist ein Zeichen dafür, daß hier nicht ein Mensch oder ein Volk in einer bestimmten Bundes- oder Glaubensbeziehung zu Ihm das Thema bildet, sondern der Mensch an sich, wenn er auch seinem Schöpfer-Gott verantwortlich ist (Pred 11, 9; 12, 1).

4. Inhaltsübersicht

I. Prediger 1, 1–11: Einleitung – Leere des Lebens ohne Gott

II. Prediger 1, 12 – 6,12: Die Frage nach dem Sinn des Weltgeschehens

Kapitel 1,12–18	Der Suchende
Kapitel 2	Das Ergebnis der Suche: Wertlosigkeit aller Mühe
Kapitel 3	Die Gewißheit des Todes
Kapitel 4	Vergleich verschiedener Lebenslagen
Kapitel 5	Rechtes Verhalten gegen Gott und den Nächsten
Kapitel 6	Nichtigkeit der verschiedensten Lebenslagen

III. Prediger 7, 1 – 12, 10: Gute Ratschläge

Kapitel 7	Verschiedene Aspekte der Weisheit
Kapitel 8	Das Treiben der Menschen
Kapitel 9	Einerlei Geschick für alle
Kapitel 10	Das menschliche Tun und seine Folgen
Kapitel 11,1–12,10	Die Nichtigkeit des menschlichen Lebens von der Jugend bis zum Alter

IV. Prediger 12, 10–14: Schluß – Das Leben im Lichte der Ewigkeit

Das Lied der Lieder (Das Hohelied)

8 Kapitel

1. Verfasser und Entstehungszeit

Das Hohelied ist eines der eigenartigsten und schwierigsten Bücher des AT. Der Name Gottes kommt nur ein einziges Mal darin vor (Kap. 8, 6: *Jah*), und im NT wird es nicht erwähnt. Die ausdrucksvolle Beschreibung der Liebe zwischen einem Mann (Salomo) und einer Frau (Sulamith) hat vor allem in der Neuzeit viele Forscher zu sehr negativen Schlußfolgerungen geführt. Es wird bezweifelt, daß Salomo der Verfasser sei, daß es sich um ein einheitliches Werk handele, und es wird sogar die Frage gestellt, ob das Buch überhaupt einen Platz im Kanon der Heiligen Schrift verdient habe!

Bei den Juden sind diese Fragen jedoch nie aufgetreten. Zwar sagt die Talmud-Überlieferung, daß Hiskia der Verfasser sei (wohl, weil in seiner Zeit viele alte Überlieferungen aus der ersten Königsperiode wieder zu Ehren kamen, vgl. 2. Chr 30, 26; Spr 25, 1). Aber der Platz des Hohenliedes im hebräischen Kanon des AT ist seit alters her im dritten Hauptteil, den „Schriften" (hebr. *Ketubim*). Hier gehört das Buch zu den fünf Schriftrollen (hebr. *Megillot*) für bestimmte Festtage und wird am achten Tage des Passahfestes gelesen.

Der Name „Lied der Lieder" ist im Hebräischen eine absolute Steigerungsform und bedeutet soviel wie: das schönste Lied. Im ersten Vers wird bereits der Name Salomos als Verfasser angegeben; er kommt insgesamt siebenmal vor (Kap. 1,1.5; 3,7.9.11; 8, 11.12), außerdem dreimal der Titel „König" (Kap. 1,4.12; 7,6). Salomo hat nach 1. Könige 4, 32–33 1005 Lieder gedichtet und besaß eine große Kenntnis der Natur. Nur dieses eine Lied von ihm ist erhalten; darin werden 22 Pflanzen- und 15 Tiernamen erwähnt. Da Salomo ca. 970–931 v. Chr. regierte, ist die Entstehungszeit dieses Liedes in der Mitte des 10. Jh. v. Chr. anzusetzen.

Daß es sich bei dem Lied der Lieder um eine einheitliche Komposition handelt, geht rein äußerlich gesehen schon daraus hervor, daß in dem ganzen Buch immer die gleichen Personen wiederkehren: der Bräutigam, die Braut und die Töchter Jerusalems. Gleichartige „Kehrreime" finden sich am Anfang oder Schluß gewisser Abschnitte (Kap. 2,7; 3,5; 8,4 und 3,6; 6,10; 8,5). Auch die siebenmalige Erwähnung des Namens Salomos gehört dazu.

2. Zweck der Niederschrift

Über den Charakter des Hohenliedes gehen die Meinungen der Ausleger in alter und neuer Zeit auseinander. Einige denken, es handele sich um die Beschreibung der Liebe des Königs (Salomo) zu einem armen Hirtenmädchen; eine Variante dieser Auffassung besagt, daß dieses Mädchen bereits einem Hirten versprochen war und ihm trotz des Drängens des Königs treu blieb. Andere denken, daß es sich um eine Sammlung von – bis zu dreißig verschiedenen! – Liebes- oder Hochzeitsgedichten handele, und schließlich gibt es die Auffassung, der Ursprung des Hohenliedes sei in Hymnen des babylonischen Tammuz-Kultes, also des Götzendienstes zu suchen.

Auch über die Person der Sulamith (Kap. 6, 13) gibt es die verschiedensten Vermutungen, die jedoch alle einer festen, schriftgemäßen Grundlage entbehren. Wir können aus dem in der Heiligen Schrift Mitgeteilten den Schluß ziehen, daß, obwohl der König Salomo tausend Frauen hatte (1. Kön 11, 3), doch sein Herz nicht befriedigt war. Nur eine einzige, ein einfaches Hirtenmädchen, gab ihm die Liebe, Freude und Befriedigung, die nach Gottes Gedanken das Verhältnis zwischen der Frau und dem Manne kennzeichnen und beherrschen sollen (1. Mo 2, 18. 24).

Damit sind wir bereits bei der Frage angekommen, welchen Zweck der Heilige Geist in diesem Buche verfolgt. Auch darüber gibt es mehrere Auffassungen, die wir hier kurz erwähnen. Die Juden sahen im Lied der Lieder seit alters her eine Beschreibung der Liebe Jehovas zu Seinem Volke Israel. In der ersten Zeit des Christentums haben die Kirchenväter diese Erklärung umgedeutet auf die Liebe Christi zu Seiner Versammlung oder Kirche (*ekklesia*). Eine weitere Erklärung besagt, daß es sich um verschiedene Gesänge handelt, in denen die eheliche Liebe verherrlicht wird.

Ganz unabhängig von der äußeren Veranlassung kann das Thema dieses Buches jedoch nur die Beschreibung des Verhältnisses des gläubigen Überrestes aus Israel zu seinem König, dem Messias, sein. Zwar ist die Versammlung Gottes auch eine Braut, aber sie ist die Braut, das Weib, des *Lammes* (Off 19, 7; 21, 2. 9). Zwischen ihr und dem Bräutigam besteht von Anfang an eine feste, auf das Werk Christi und die Innewohnung des Heiligen Geistes gegründete Beziehung, wenn auch die äußere Vollendung erst bei der Hochzeit des Lammes vollzogen wird.

Im Lied der Lieder ist jedoch Salomo als *König* ein Vorbild (Typus) Christi als des wahren *Friedenskönigs*. Der Inhalt des Hohenliedes zeigt gerade, daß die hier beschriebene Braut noch keine gefestigte Gemeinschaft mit dem König hat, sondern sich nach dieser Gemeinschaft und seiner Liebe sehnt.

Das Hohelied besteht in der Hauptsache aus einer Reihe von Zwiegesprächen zwischen der Braut und dem Bräutigam. Daneben werden noch andere Personen eingeführt: die Töchter Jerusalems, die Wächter der Stadt, die Brüder und die kleine Schwester der Braut; aber sie alle spielen eine untergeordnete Rolle.

In erster Linie wird die Liebe des Bräutigams beschrieben, dann die wachsende Liebe der Braut, deren Verhältnis zum Bräutigam sich mehr und mehr festigt, bis sie schließlich in den vollen Genuß seiner Liebe kommt. Diese *Entwicklung* der Liebe und des Vertrauens sowie das Reifen der Erfahrung kommt in den folgenden Worten der Braut deutlich zum Ausdruck:

1. „Mein Geliebter ist mein, und ich bin sein, der unter Lilien weidet“ (Kap. 2, 16)

2. „Ich bin meines Geliebten, und mein Geliebter ist mein, der unter den Lilien weidet“ (Kap. 6. 3)

3. „Ich bin meines Geliebten, und nach mir ist sein Verlangen" (Kap. 7, 10)

Selbstverständlich enthält dieses Buch auch Belehrungen für den Gläubigen in der heutigen Zeit. Es kann daher auch für das persönliche Verhältnis des einzelnen Gläubigen zu seinem Herrn praktisch angewendet werden.

3. Besonderheiten

a) Die Sprache des Hohenliedes

Bei orthodoxen Juden besteht die alte Tradition, daß Männer unter dreißig Jahren das Lied der Lieder nicht lesen sollen. Gleichzeitig haben die Juden dieses Buch zu den heiligsten Büchern gezählt und es entsprechend hoch eingeschätzt; diese Haltung geziemt sich auch für uns. Es handelt sich eben um eine orientalische Dichtung, die durch eine besonders bilderreiche Sprache gekennzeichnet ist. Hier ist es die Bildersprache der Liebe, voll blumiger, gefühlvoller und zum Teil sehr anschaulicher Ausdrücke. Aber ein Orientale oder Hebräer würde dieses Buch nicht als eine Beschreibung wollüstiger Leidenschaft betrachten! Ein solches Urteil blieb der sogenannten christlichen, bis in die Mitte des 20. Jahrhunderts alles Sexuelle tabuisierenden westlichen Zivilisation vorbehalten (vgl. hierzu den Abschnitt: „Die hebräische Dichtkunst", S. 120).

b) Die Braut im Hohenliede

Von den Propheten des AT wird das Volk Israel des öfteren das Weib Jehovas genannt (Jer 31, 32), das Ihm untreu geworden und deshalb verstoßen worden ist (vgl. Jes 54, 6–7; Jer 3, 1–5; Hos 1–3). Durch die Spaltung Israels nach dem Tod Salomos entstanden zwei Reiche: das Südreich mit Jerusalem und das Nordreich mit Samaria als Hauptstadt. Diese aus dem Mutterreich entstandenen zwei Schwesterreiche werden in Hesekiel 23 als „Töchter einer Mutter" bezeichnet (vgl. Jer 3, 6–14). Im Lied der Lieder werden sowohl die Mutter (Kap. 1, 6; 3, 4; 8, 2) als auch die Schwester (Kap. 8, 8) der Braut erwähnt.

Wir finden im AT also zwei verschiedene Bilder Israels. Einerseits wird die Umkehr des ganzen Volkes Israel zu Jehova in den letzten Tagen mit der Wiederaufnahme einer *treulosen Ehefrau* verglichen (Jes 54, 6). Andererseits wird der gläubige Überrest Judas als eine junge, schöne *Braut* betrachtet, die mit dem König, dem Messias, vereint wird. Auch im Buch Ruth ist die Mutter Noomi ein Bild des treulosen Volkes Israel, während die junge Ruth, die von Boas, dem Stammvater des Friedenskönigs, geheiratet wird, den gläubigen jüdischen Überrest darstellt (vgl. Ps 45; Jes 62, 3–5).

Ergänzend sei noch hinzugefügt, daß zwischen der Beziehung *Jehovas* zu Seinem Volk Israel und der des *Herrn Jesus* zu Seiner Versammlung wesentliche Unterschiede bestehen. Erstens handelt es sich um Illustrationen über verschiedene Beziehungen in ganz *verschiedenen Epochen*, unter *Gesetz* im AT und unter *Gnade* im NT. Zweitens ist der Bräutigam im AT *Jehova*, beziehungsweise Sein Gesalbter, der Messias, während es im NT das *Lamm* ist. Schließlich findet die Vereinigung zwischen dem Messias und Seiner irdischen Braut nach Seiner Erscheinung auf der *Erde* statt, während die Hochzeit des Lammes vorher im *Himmel* sein wird.

4. Inhaltsübersicht

I. Hohelied 1,1 – 2,7: *Die Gewißheit der Liebe*

II. Hohelied 2,8 – 3,5: *Die Suche der Liebe*

III. Hohelied 3,6 – 5,1: *Die Gemeinschaft der Liebe*

IV. Hohelied 5,2 – 6,9: *Die Wiederherstellung der Liebe*

V. Hohelied 6,10 – 8,4: *Das Zeugnis der Liebe*

VI. Hohelied 8,5–14: *Die Vollendung der Liebe*

Die prophetischen Bücher des Alten Testaments

Gott hat in der Zeit des AT viele Propheten zu Seinem irdischen Volk Israel gesandt: z. B. Samuel, Nathan (2. Sam 7, 2), Schemaja (1. Kön 12, 22), den Mann Gottes von Juda (1. Kön 13), Achija (1. Kön 11, 29), Iddo (2. Chr 12, 15), Asarja (2. Chr 15, 1), Hanani (2. Chr 16, 7), Jehu (1. Kön 16, 1), Elia (1. Kön 17, 1), Jachasiel (2. Chr 20, 14), Micha (1. Kön 22, 8), Elieser (2. Chr 20, 37), Elisa (1. Kön 19, 16), Sekarja (2. Chr 24, 20), Sekarja (2. Chr 26, 5) und Oded (2. Chr 28, 9).

Sechzehn weitere Propheten haben inspirierte Schriften hinterlassen, die in den Kanon des AT aufgenommen wurden.

Die Tatsache, daß der Prophetendienst in Gottes irdischem Volk nötig wurde, ist ein Beweis des geistlichen Niedergangs dieses Volkes. Immer wieder finden sich in den prophetischen Büchern ernste Aufrufe zur Buße und Umkehr, damit Jehova sich Seinem Volk wieder zuwenden kann. So waren die meisten Propheten Rufer, die vor dem Angesicht Gottes standen, wie Elia (1. Kön 17, 1), und für die jeweilige *Zeit* und ihre *Umstände* Gottes Wort sprachen.

Aber über die unmittelbaren Umstände hinaus weisen die Propheten auch auf die *Zukunft Israels* in Verbindung mit dem kommenden *Messias* hin (Jona ist eine Ausnahme). Auch werden die Nationen der Erde erwähnt, soweit sie mit Gottes Wegen zu Seinem Ziel in Beziehung stehen. Dieses Ziel ist die Herrschaft des Messias über das ganze Weltall im Tausendjährigen Reich, in dem Israel eine besondere Rolle zukommt. Die Propheten offenbaren also Gottes Pläne mit der *Schöpfung.* Das erklärt, warum die *Versammlung Gottes* nicht zum Themenbereich der Prophetie des AT gehört. Sie ist nämlich der Gegenstand der *ewigen, himmlischen Ratschlüsse* Gottes, die erst nach dem Erlösungswerk Christi im NT offenbart worden sind (vgl. Eph 3. 1–12).

Wann wirkten die Propheten des Alten Testament?

(Die Propheten in chronologischer Reihenfolge)

Joel:	im 9. Jh. v. Chr.
Obadja:	im 9. Jh. v. Chr. – oder nach 586 v. Chr.?
Jona:	800 – 790 v. Chr.
Hosea:	772/752 – 722 v. Chr.
Jesaja:	767 – 697 v. Chr.
Amos:	767 – 753 v. Chr.
Micha:	750 – 700 v. Chr.
Nahum:	663 – 612 v. Chr.
Jeremia:	627 – 586 v. Chr.
Zephanja:	622 – 606 v. Chr.
Habakuk:	612 – 605 v. Chr.
Daniel:	605 – 536/535 v. Chr.
Hesekiel:	593 – 571 v. Chr.
Haggai:	um 520 v. Chr.
Sacharja:	520 – 480 v. Chr.
Maleachi:	450 – 425 v. Chr.

Das älteste erhaltene Buch des Alten Testaments.

Die Jesaja-Rolle vom Toten Meer (Qumran-Rolle IQ 1S[a]) aus dem 2. Jh. v. Chr., aufgeschlagen bei Jesaja 38,8 – 40,28.
Abbildung nach E. Würthwein, Der Text des Alten Testaments.

Der Prophet Jesaja
66 Kapitel

1. Verfasser und Entstehungszeit

Der Prophet Jesaja (sein Name bedeutet: „Jehova ist Rettung") war nach Kapitel 1, 1 der Sohn des Amoz, der einer alten jüdischen Überlieferung zufolge ein Bruder des Königs Amazja gewesen sein soll. Jedenfalls hatte Jesaja einen recht freien Zugang zum Königshof in Jerusalem (Jes 7, 3; 38, 1; 39, 3). Er war verheiratet und hatte zwei Söhne mit Namen Schear-Jaschub (hebr. „ein Überrest wird umkehren", Jes 7, 3) und Maher-Schalal-Chasch-Bas (hebr. „es eilt der Raub, bald kommt die Beute", Jes 8, 3).

Jesajas Prophetendienst erstreckte sich über die Regierungszeiten der Könige Ussija, Jotham, Ahas und Hiskia. Ussijas Alleinherrschaft begann ca. 767 v. Chr., und Hiskia starb ca. 697 v. Chr. In diese Zeit fällt also der Dienst des Propheten Jesaja Von dem gottlosen Sohn Hiskias, dem König Manasse, soll er nach jüdischer Tradition verfolgt und in einem hohlen Baumstamm zersägt worden sein (vgl. Heb 11, 37).

Im Mittelalter wurde zum ersten Mal die Vermutung geäußert, daß nicht alle 66 Kapitel des Buches von Jesaja selbst stammen. Gegen Ende des 18. Jahrhunderts, in der Zeit der Aufklärung, versuchten theologische Forscher und Zweifler in verstärktem Maße zu beweisen, daß Jesaja unmöglich das ganze Buch geschrieben haben könne. Es begann damit, daß die Kapitel 40–46 einem Schreiber aus dem 6. Jahrhundert v. Chr. („Deutero-Jesaja") zugeschrieben wurden. Im 19. und 20. Jahrhundert ging die Zerstückelung des Buches noch weiter; auch die ersten 39 Kapitel wurden verschiedenen Autoren zugeordnet und Kapitel 55–66 sogar einem „Trito-Jesaja", der um die Wende des 6./5. Jh. v. Chr. gelebt haben soll. Die Hauptgründe für diese Kritik sind die unterschiedlichen Themenkreise und der angeblich ungleiche Stil in den verschiedenen Abschnitten, vor allem aber die Erwähnung des Namens des Königs Kores (Cyrus) bereits ca. 200 Jahre vor seiner Zeit (Jes 44, 28; 45, 1).

Auf diese Angriffe der Bibelkritik hier im einzelnen einzugehen, würde den gesteckten Rahmen sprengen. Es sei jedoch darauf hingewiesen, daß thematische und stilistische Unterschiede auch in den Werken fast aller weltlichen Autoren festzustellen sind, ohne daß deshalb an der Verfasserschaft gezweifelt werden kann. Das Argument, daß der Stil der verschiedenen Abschnitte zu unterschiedlich sei, ist also wenig stichhaltig. Die Ähnlichkeiten treten mindestens ebenso stark hervor, zum Beispiel die häufige Erwähnung Gottes als des „Heiligen Israels“ (siehe Abschnitt 3: „Besonderheiten“).

Die Erwähnung des Namens Kores lange vor seiner Zeit ist eines von Hunderten von Beispielen in Gottes Wort, die beweisen, daß Gott durch Seine Propheten von Anfang an das Ende verkündet (Jes 46, 10). Es ist gerade ein Kennzeichen des Propheten, daß er von Gottes Geist auch Mitteilungen über zukünftige Dinge empfängt. Der Mann Gottes aus Juda erwähnte gegenüber dem König Jerobeam den Namen des Königs Josia ungefähr dreihundert Jahre bevor dieser lebte (1. Kön 13, 2). Nicht nur über Kores, sondern auch über den Messias hat Jesaja viele Weissagungen ausgesprochen, die teilweise bereits erfüllt sind, teilweise jedoch noch auf ihre Erfüllung warten. Der jüdische Schriftsteller Flavius Josephus schreibt (Jüdische Altertümer XI 1.1–2), daß der persische König Cyrus (Kores) staunend Jesajas Äußerungen über ihn gelesen und daraufhin den Befehl zur Rückkehr der Juden erlassen habe (vgl. Esra 1, 1–4).

Im NT wird das Buch Jesaja ca. siebzigmal zitiert, mehr als alle anderen Propheten zusammen. Allein 28 Zitate stammen aus den Kapiteln 40–66, wobei elfmal ausdrücklich der Name Jesajas erwähnt wird (Mt 3, 3; 8, 17; 12, 17; Lk 3,4; 4, 17; Joh 1, 23; 12,38; Apg 8, 28–33; Röm 10, 16. 20–21). Das bemerkenswerteste Zitat in diesem Zusammenhang ist Johannes 12, 38–41. Dort wird Jesaja 53 und 6 zitiert, wobei dreimal der Name Jesajas erwähnt wird! Gottes Wort bestätigt damit selbst die Einheit dieses Buches.

Ein weiteres deutliches Zeugnis für die Einheit Jesajas sind die Schriftfunde vom Toten Meer. 1947 wurde in Qumran unter anderem eine ca. 7 m lange Lederrolle mit dem gesamten Text des Buches Jesaja aus dem 2. Jh. v. Chr. gefunden (s. Abb. S. 143). Dies ist die älteste vollständig erhaltene Abschrift eines Buches des AT. Solch eine Rolle wird in Lukas 4, 17–20 erwähnt (vgl. Apg 8, 28–35).

Jesaja lebte und wirkte in einer schweren Zeit. Der König Ussija (Asarja) von Juda machte zwar einen guten Anfang, später erhob sich jedoch sein Herz gegen Jehova. Sein Sohn Jotham war in gewissem Maß ein gottesfürchtiger König, aber dessen Sohn Ahas war ein Götzendiener. Hiskia jedoch brachte eine große Erwekkung des Volkes zustande.

Von außen wurde das Reich Juda in dieser Zeit von Feinden bedrängt: Edom, Syrien, Israel und die Philister. Die gottlosen Könige des Nordreiches Israel hatten sich mit Syrien verbündet und griffen Juda immer wieder an (2. Kön 15, 37; 16, 5–6; 2. Chr 28, 5–6). Anstatt auf Jehova zu vertrauen, suchten die Könige von Juda Schutz bei Assyrien (2. Kön 16, 7; 2. Chr 28, 16), aber ohne wirkliche Hilfe zu erlangen (2. Chr 28, 20; 32, 1). Jesaja erlebte, wie das Nordreich sich mit Ägypten gegen Assyrien verbündete und schließlich doch besiegt und 722/21 v. Chr. in die assyrische Gefangenschaft geführt wurde (2. Kön 17). Als Juda unter Hiskia sich von der Übermacht Assyriens lösen wollte, kam Jehova ihnen zu Hilfe (2. Kön 18, 7; 2. Chr 32). Aber kurz danach mußte Jesaja die freundschaftliche Verbindung zu der anderen Großmacht Babel verurteilen und die ca. 100 Jahre später folgende Babylonische Gefangenschaft des Reiches Juda ankündigen (2. Kön 18, 7; 20, 12–19).

2. Zweck der Niederschrift

Jesaja steht in der Reihe der Prophetenbücher an erster Stelle, und zwar sowohl in den heutigen Ausgaben als auch in der hebräischen Bibel, wo er der erste der „späteren Propheten“ ist. Zwar war Jesaja nicht der erste Prophet, aber seine Weissagungen bilden das längste und umfassendste prophetische Buch der Heiligen Schrift. Er schreibt am ausführlichsten über den verheißenen Messias (nur die Psalmen sind noch mehr messianisch geprägt) und wird deswegen auch der „Evangelist unter den Propheten" genannt. Daher steht er zu Recht an erster Stelle der sogenannten vier großen Propheten.

Das Buch Jesaja besteht aus zwei großen Teilen (Jes 1–35 und 40–66), die durch einen geschichtlichen Teil (Jes 36–39) getrennt werden. Der erste Hauptteil enthält die äußere, der zweite die innere Geschichte des Volkes Gottes.

Der erste Abschnitt (Jes 1–35) enthält in großen Linien Weissagungen über die letzten Zeiten und Gottes Wege mit Juda, Israel (Jes 1–12) und den Nationen, zu denen sie in Beziehung stehen (Jes 13–27). Nach dem sechsmaligen Weheruf folgt die Beschreibung des Zustandes im Tausendjährigen Reich (Jes 28–35).

Zwischen dem ersten und zweiten Hauptteil steht ein geschichtlicher Abschnitt über das Leben des Königs Hiskia (Jes 36–39). Darin wird der Angriff der Assyrer gegen Juda und ihre Niederlage sowie die Heilung Hiskias von einer Krankheit beschrieben. Obwohl historisch, unterstreichen diese Kapitel in ihrem Zusammenhang die Weissagungen über die Feinde Israels und die Rettung des Überrestes.

Der zweite Hauptabschnitt (Jes 40–46) behandelt das Verhältnis des Volkes Gottes zu dem Messias (Christus) und endet auch mit der Beschreibung der Herrschaft Christi im Tausendjährigen Reiche. In Kapitel 40–48 wird die Rettung aus Babel und die Verurteilung der Götzen beschrieben, und in Kapitel 49–57 das Leiden und die Herrlichkeit des Knechtes Jehovas. Die Kapitel 58–66 enthalten eine Zusammenfassung der Gedanken und Wege Gottes mit Seinem irdischen Volke Israel.

Stil und Sprache Jesajas sind im ganzen Buch sehr ausdrucksvoll. Bis auf wenige Abschnitte (hauptsächlich Kapitel 36–39) ist das Buch Jesaja in der Versform der hebräischen Dichtkunst geschrieben (vgl. hierzu S. 120: die hebräische Dichtkunst).

3. Besonderheiten

a) Der „Heilige Israels"

Unter den verschiedenen Namen Gottes im Buche Jesaja nimmt der „Heilige Israels" einen besonderen Platz ein. Dieser Name kommt hier 26mal vor: Jes 1, 4; 5, 19.24; 10, 20; 12, 6; 17, 7; 29, 19.23 („Heiliger Jakobs"); 30, 11.12.15; 31, 1; 37, 23; 41, 14.16.20; 43, 3.14; 45, 11; 47, 4; 48, 17; 49, 7; 54, 5; 55, 5; 60, 9.14. Dagegen kommt der Name sonst im ganzen AT nur noch in 2. Könige 19, 22; Psalm 71, 22; 78, 41; 89, 18; Jeremia 50, 29; 51, 5 und Hesekiel 39, 7 („Heiliger in Israel") vor.

Bemerkenswert ist, daß dieser Name Gottes die Einheit des Buches Jesaja bestätigt: er kommt in den beiden Hauptteilen Kapitel 1–39 und 40–66 je 13mal vor. Besonders unterstrichen wird dieses Zeugnis noch dadurch, daß Jesaja selbst diesen Namen in seinem Spruch für Hiskia in 2. Könige 19, 22 benutzt!

Der Name „Heiliger Israels" besagt, daß der Gott Israels von allem Bösen völlig getrennt ist, denn Er ist zu rein von Augen, um Böses zu sehen. Das bringen auch die Seraphim in Jesaja 6, 3 zum Ausdruck, die vor Seinem Throne ausrufen: „Heilig, heilig, heilig ist Jehova der Heerscharen" (vgl. Off 4, 8).

b) Das Heil

Ein weiteres Schlüsselwort des Buches Jesaja ist das Wort „Heil" oder „Rettung" (hebr. *jeschu'a* bzw. *jescha* oder *teschu'a*, wovon der Name *Je(ho)schua, Josua* = griech. Jesus abgeleitet ist). Das Wort kommt an den folgenden Stellen vor: Jesaja 12, 2. 3 (Quellen des Heils); 17, 10 (Gott des Heils); 25, 9 (Freude des Heils); 26, 1 (Mauern des Heils). 18; 33, 2. 6; 45, 8. 17 (ewige Rettung); 46, 13; 49, 6. 8 (Tag des Heils); 51, 5. 6. 8; 52, 7 (Verkündiger des Heils). 10; 56, 1; 59, 11. 17 (Helm des Heils); 60, 18; 61, 10 (Kleider des Heils); 62, 1. 11.

Wenn auch der Prophet in diesem Heil meist die Segnungen des Tausendjährigen Reiches sah, werden doch manche seiner Ausdrücke im NT auf die ewige Errettung in der jetzigen

Gnadenzeit angewandt (vgl. Apg 13, 47; Röm 10, 15; 2. Kor 6, 2; Eph 6, 17). Die häufigen Erwähnungen des Heils haben wohl mit dazu beigetragen, daß Jesaja den Namen „Evangelist unter den Propheten" erhielt.

c) Messianische Prophezeiungen

Außer den Psalmen gibt es im AT kein anderes Buch, das so viele Weissagungen über den Herrn Jesus enthält wie Jesaja. Es ist, als habe der Prophet Christus beständig vor Augen gehabt (vgl. Jes 6 und Joh 12, 38–41). Die wichtigsten Abschnitte sind:

- der verheißene Erlöser ist Jehova selbst: Kapitel 47, 4; 48, 17
- die Fleischwerdung des Sohnes Gottes: Kapitel 7,14; 9,2.6; 11,1–2; 48,16
- Seine Erniedrigung: Kapitel 4, 2; 42, 1; 50, 4–5; 53, 1–2
- Seine Verwerfung: Kapitel 8, 14; 49, 4; 53, 3
- Seine Leiden: Kapitel 50, 6; 52, 14; 53, 3–7. 10–12; 63, 9
- Seine Herrlichkeit: Kapitel 9, 7; 11, 3–10; 25, 8; 28, 16; 32, 1; 49, 6; 52, 15; 53, 9–12; 58–66.

Daneben gibt es noch viele andere Stellen in diesem Buch, die von dem Messias, dem Erlöser Jesus Christus, sprechen.

4. Inhaltsübersicht

I. Jesaja 1–35, 1. Hauptteil: Die äußere Geschichte Israels

1. Kapitel 1–12:	Juda und Jerusalem
Kap. 1	Der traurige Zustand Judas und Jerusalems
Kap. 2	Wiederherstellung Judas und Jerusalems
Kap. 3–4	Gericht und Herrlichkeit Zions
Kap. 5	Israel, der unfruchtbare Weinberg Jehovas
Kap. 6	Der Auftrag Jesajas
Kap. 7	Der Messias und der Assyrer
Kap. 8	Der Angriff der Assyrer
Kap. 9	Hoffnung und Warnung für Israel

Kap. 10	Assyrien, Gottes Zuchtrute
Kap. 11–12	Das Friedensreich

2. Kapitel 13–27: Zehn Aussprüche über die Nationen

Kap. 13–14	Aussprüche über Babel und Philistäa
Kap. 15–16	Ausspruch über Moab
Kap. 17	Ausspruch über Damaskus
Kap. 18	Israels Rückführung
Kap. 19	Ausspruch über Ägypten
Kap. 20	Geschichtlicher Anhang
Kap. 21	Aussprüche über Babel, Duma und Arabien
Kap. 22	Ausspruch über das Tal der Gesichte (Jerusalem)
Kap. 23	Ausspruch über Tyrus
Kap. 24	Gericht über die ganze Schöpfung
Kap. 25	Die Segnungen des Friedensreiches
Kap. 26	Das Rettungslied Judas
Kap. 27	Strafe und Rettung

3. Kapitel 28–35: Das sechsmalige „Wehe“

Kap. 28	Wehe über Ephraim
Kap. 29	Wehe über Jerusalem; Wehe über die Verächter Gottes
Kap. 30	Wehe über den Bund mit Ägypten
Kap. 31	Wehe über das Vertrauen auf Menschen
Kap. 32	Ausblick auf das Friedensreich
Kap. 33	Wehe über Assyrien
Kap. 34	Gericht über Edom und seine Verbündeten
Kap. 35	Der Segen des Friedensreiches

II. Jesaja 36–39, Historischer Einschub: Hiskia und Jesaja

Kapitel 36–37	Angriff und Niederlage Assyriens
Kapitel 38	Hiskias Krankheit und Genesung
Kapitel 39	Das Versagen Hiskias und die Ankündigung des Gerichts

III. Jesaja 40–66, 2. Hauptteil: Die innere Geschichte Israels

1. Kapitel 40–48: Jehova erhört Sein Volk

Kap. 40	Trost für Israel
Kap. 41	Israel, Jehovas Knecht
Kap. 42	Der wahre Knecht Jehovas
Kap. 43	Gottes Vergebung
Kap. 44	Jehova ermutigt Sein Volk
Kap. 45	Jehova verkündigt Errettung
Kap. 46–47	Der Fall Babels
Kap. 48	Gottes Liebe zu einem abtrünnigen Volk

2. Kapitel 49–57: Verwerfung und Leiden des Knechtes Jehovas

Kap. 49–50	Der wahre Knecht Jehovas
Kap. 51	Ermunterung des treuen Überrestes
Kap. 52	Zions Erwachen und das Kommen des Knechtes Jehovas
Kap. 53	„Er aber hat die Sünden vieler getragen“
Kap. 54	Jerusalems Jubelgesang
Kap. 55	Gnade auch für die Nationen
Kap. 56	Verworfene werden angenommen
Kap. 57	Der traurige Zustand Israels

3. Kapitel 58–66: Wiederherstellung und Herrlichkeit Israels

Kap. 58	Anklage gegen Israel
Kap. 59	Abfall und Bekenntnis
Kap. 60	Die Herrlichkeit des Friedensreiches
Kap. 61	Der Messias und Sein Volk
Kap. 62	Zions Herrlichkeit
Kap. 63	Der große Rächer
Kap. 64	Gebet
Kap. 65–66	Gottes Antwort

Der Prophet Jeremia

52 Kapitel

1. Verfasser und Entstehungszeit

Der Anfang des Buches Jeremia lautet: „Worte Jeremias, des Sohnes Hilkijas", und in Kapitel 51, 64 heißt es: „Bis hierher die Worte Jeremias". Im Widerspruch zu diesen einfachen und eindeutigen Einleitungs- und Schlußworten des Propheten und trotz der Tatsache, daß von keinem anderen Propheten des AT soviel Persönliches über Leben und Dienst mitgeteilt wird wie über Jeremia, behaupten moderne Kritiker dieses Buches, daß die Weissagungen Jeremias zum großen Teil nicht von ihm selbst stammen sollen. Es gibt jedoch keinen einzigen vernünftigen Grund zu solchen zweifelnden Überlegungen.

Aus Jeremias Aufzeichnungen ist zu entnehmen, daß er während der Regierungszeit des gottlosen Königs Manasse (696–642 v. Chr.) geboren wurde. Er stammte aus der priesterlichen Familie Aarons. Seine Heimatstadt war Anatot im Gebiet des Stammes Benjamin, nicht weit von Jerusalem (Jer 1,1). Schon als sehr junger Mann wurde er im dreizehnten Jahr Josias (640–609 v. Chr.), also im Jahr 627 v. Chr., von Jehova zum Prophetendienst berufen (Jer 1, 4–10). Dieser Dienst dauerte bis nach der Zerstörung Jerusalems durch Nebukadnezar im Jahre 586 v. Chr., also über 40 Jahre (Jer 39). Auf Geheiß Gottes blieb Jeremia unverheiratet (Jer 16, 2).

Anfänglich lebte Jeremia in Anatot. Aber schon bald brach der Haß der Einwohner gegen ihn aus (Jer 11, 18–23). Die Weissagungen in Jeremia 1, 2ff und 3, 6ff fallen in die Zeit des Königs Josia (640–609 v. Chr.). Nach Josias Tod stimmte Jeremia ein Klagelied über ihn an (2. Chr 35, 25; vgl. Jer 22, 10). Gegen den Sohn Josias, Schallum (oder Joahas), weissagte Jeremia in Kapitel 22, 11. In der darauffolgenden Regierungszeit Jojakims (609–598 v. Chr.) prophezeite Jeremia den bevorstehenden

Untergang Jerusalems. Die Priester wollten ihn daraufhin töten (Jer 26). Im vierten Jahre Jojakims sagte Jeremia unter anderem die siebzigjährige Gefangenschaft Judas in Babel voraus (Jer 25, 11–12; 36, 1; 45, 1). In dieser Zeit wurde das ägyptische Reich von den Babyloniern unter Nebukadnezar in der Schlacht von Karchemis (606 v. Chr.) besiegt und im Anschluß Jerusalem belagert und ein Teil der Bevölkerung nach Babel gebracht (die erste Wegführung nach Babel im Jahre 605 v. Chr.). Jeremia erhielt nun von Gott den Auftrag, alle seine bisherigen Weissagungen in ein Buch zu schreiben, was er mit Hilfe seines Sekretärs Baruk auch tat (Jer 36, 1–4). Als Baruk diese Worte im Tempel vorgelesen hatte, ließ der König Jojakim im Zorn die Buchrolle zerschneiden und verbrennen (Jer 36, 20–26). Daraufhin ließ Gott Jeremia alles noch einmal aufschreiben, und Jeremia fügte „noch viele Worte gleichen Inhalts hinzu“ (Jer 36, 27–32).

Der nächste König, Jojakin oder (Je-)Konja, regierte nur drei Monate und wurde 597 v. Chr. nach Babel gebracht (die zweite Wegführung). Sein Nachfolger war Zedekia, der dritte Sohn Josias (597–586 v. Chr.). Jeremia riet Zedekia, sich im Widerstand gegen Babel nicht auf Ägypten zu stützen (Jer 37, 6ff), sondern sich dem König von Babel zu unterwerfen (Jer 27, 12–22). Als Jeremia in das Land Benjamin gehen wollte, wurde er gefangengenommen und in eine leere Zisterne gesetzt (Jer 37, 11–38, 6). Als Jerusalem schließlich von den Babyloniern eingenommen wurde, wurde Jeremia aus dem Gefängnis befreit. Vor die Wahl gestellt, auf Wunsch Nebukadnezars nach Babel zu kommen oder im Lande zu bleiben, entschied er sich für letzteres (Jer 39–40). Als der von Nebukadnezar eingesetzte Statthalter Gedalja ermordet worden war, flohen die Juden aus Furcht vor der Rache der Babylonier trotz der Warnungen Jeremias nach Ägypten und zwangen ihn und Baruk mitzuziehen (Jer 41–43). Dort setzte Jeremia in der Stadt Tachpanches seinen Prophetendienst fort (Jer 43, 8 – 44, 30), und dort soll er nach der Überlieferung fünf Jahre nach der Zerstörung Jerusalems von den Juden gesteinigt worden sein. Die Bibel schweigt über den Tod dieses großen Propheten, der in den letzten vierzig Jahren des Königreiches Juda lebte und diente.

2. Zweck der Niederschrift

Jeremia, der zweite der sogenannten vier großen Propheten, wird zu Recht der weinende Prophet genannt (vgl. Jer 9, 1. 10; 13, 17; 14, 17; 15, 10; 20, 14). Kein anderer Prophet hat von seinem Volk soviel Widerstand und Haß erfahren. Während er jedoch in seinem Leben viel Leid von seinen Landsleuten erdulden mußte, wurde Jeremia nach seinem Tod aufs höchste verehrt (vgl. Mt 16, 14). Obwohl Jeremia die Ungerechtigkeit der Juden und ihren Abfall von dem lebendigen Gott immer wieder geißelte, liebte er sein Volk bis zum Schluß (vgl. Jer 17, 16; 18, 20).

Hauptinhalt und -zweck der Botschaft Jeremias sind immer wiederkehrende Appelle an das Gewissen der Bewohner des Königreiches Juda, ihren niedrigen moralischen Zustand zu erkennen und von ihrem Abfall von Jehova sowie ihrem Götzendienst umzukehren zu Gott. Dabei hat Jeremia stets das drohende Gericht der Zerstörung Jerusalems durch Babel vor Augen.

Aber Jeremia spricht auch immer wieder von der Barmherzigkeit Gottes für Sein Volk. Die Gefangenschaft in Babel sollte nur siebzig Jahre dauern (Jer 25, 11–12; 29, 10). Nach dieser Zeit sollte das Volk in sein Land zurückkehren.

Schließlich hat Jeremia jedoch eine Trostbotschaft, die noch heute auf ihre Erfüllung wartet, denn sie wurde nach dem Ende der siebzigjährigen Gefangenschaft noch nicht erfüllt. Nach einer „Zeit der Drangsal für Jakob“ (Jer 30, 4–7) wird Jehova mit Seinem Volke einen neuen Bund schließen (Jer 31, 31–34), und es wird die herrliche Zeit des tausendjährigen Friedensreiches unter dem Messias anbrechen (Jer 23, 5–8; 33, 14–18). Diese Hoffnung des zukünftigen Segens und die Kraft des Geistes Gottes stärkten und ermunterten Jeremia bei seinem traurigen Dienst, der von seinen jüdischen Zeitgenossen abgelehnt wurde.

3. Besonderheiten

a) Die siebzigjährige Gefangenschaft Judas in Babel

An zwei Stellen erwähnt Jeremia die drohende Zerstörung Jerusalems und die Wegführung des Volkes nach Babel, die aber nach siebzig Jahren durch die Rückkehr des Überrestes zu Ende gehen würde (Jer 25, 11–12; 29, 10). Die Strafandrohung Gottes ging während der Regierung Nebukadnezars, des Königs von Babel, in Erfüllung. Während der Regierung Jojakims zog er im Jahre 605 v. Chr. zum ersten Mal gegen Jerusalem und führte eine Anzahl von Juden nach Babel, darunter auch Daniel (Dan 1, 1). Während der kurzen Regierung Jojakins erfolgte im Jahre 597 v. Chr. ein zweiter Angriff, bei dem zehntausend Menschen nach Babel geführt wurden. Schließlich wurde unter Zedekia im Jahre 586 v. Chr. Jerusalem und der Tempel zerstört und das ganze übrige Volk nach Babel verschleppt. Die Prophezeiung Jeremias war eingetroffen (2. Chr 36, 21).

Im Jahre 539 v. Chr. eroberte der Perserkönig Cyrus (Kores) Babel und setzte Darius, den Meder, als Vizekönig ein (Dan 6, 1). Im zweiten Jahre der Herrschaft Darius (nach persischer Zählung das Jahr eins) bemerkte Daniel beim Lesen der Schriften, daß die von Jeremia auf Geheiß Jehovas vorausgesagten siebzig Jahre der Verwüstung Jerusalems zu Ende gingen (Dan 9, 1–2). Übrigens ein deutliches Indiz für die gottgewirkte Anerkennung der Inspiration der Heiligen Schrift des AT, bevor der gesamte Kanon vorlag! Als Daniel sich betend demütigte, erhielt er durch den Engel Gabriel weitere Prophezeiungen über die siebzig Jahrwochen, die von dem Wiederaufbau Jerusalems bis zum Kommen des Messias und bis zur Endzeit reichen sollten (Dan 9, 20–27).

Auch im zweiten Buch der Chronika, Kapitel 36, 22, und in Esra 1, 1 nimmt der Schreiber dieser Bücher Bezug auf die Weissagung Jeremias über die siebzigjährige Verwüstung Jerusalems. Aufgrund des Befehls des Perserkönigs Kores machten sich ca. 42 000 Juden auf den Weg nach Jerusalem, um den Tempel wieder aufzubauen (ca. 536 v. Chr.). Der Prophet Sacharja, der kurz nach der Rückkehr der Juden weissagte, nimmt in seinem Buch ebenfalls Bezug auf die siebzig Jahre des Zornes Jehovas über Jerusalem und die Städte Judas (Sach 1, 12).

Von welchem der drei Feldzüge Nebukadnezars gegen Jerusalem sind nun die siebzig Jahre zu berechnen? Einige Forscher meinen, von der Zerstörung des Tempels 586 v. Chr. ausgehen zu müssen, und gelangen dann zu dem Schluß, daß die Zahl 70 nicht wörtlich zu nehmen sei, da bis zum Rückzug des Überrestes 536 v. Chr. nur knapp 50 Jahre verstrichen. Andere wollen aufgrund von Esra 5, 1; 6, 14 und Sacharja 1, 12 die Vollendung des Tempels ca. 516 v. Chr. als Enddatum ansehen, um die volle Zahl von 70 Jahren zu erreichen.

Am einfachsten und wahrscheinlichsten ist es jedoch, aufgrund von 2. Könige 24, 1–4 und 2. Chronika 36, 20–23 die erste Eroberung Jerusalems im Jahre 605 v. Chr. als Ausgangspunkt und den Rückzug der Juden ca. 536 v. Chr. als Endpunkt der Berechnung des Zeitraums von 70 Jahren zu nehmen.

b) Die Anordnung der Kapitel im Buche Jeremia

Der Inhalt des Buches Jeremia ist nicht immer in chronologischer Reihenfolge aufgezeichnet. Es wird allgemein angenommen, daß der Inhalt der Kapitel 1–20 in die Regierungszeit Josias gehört (obwohl sein Name nur in Kap 1, 1 und 3, 6 erwähnt wird). Aus der Zeit des Joahas sind keine Daten erwähnt. Die Kapitel 25–26, 35–36, 45–49 werden gewöhnlich in die Regierungsperiode Jojakims gelegt, obwohl nur die Kapitel 25, 26, 35, 36 und 45 datiert sind. In die Zeit Zedekias werden die Kapitel 21–24, 27–34 und 37–42 gelegt; Zeitangaben finden sich in Kapitel 21, 27, 28, 29, 32, 33, 34 und 37. In Ägypten sprach Jeremia die Worte in Kapitel 43, 7–8 und Kapitel 44. Das Kapitel 52 ist ein Anhang, der fast wörtlich mit 2. Kön 24, 18–25, 30 übereinstimmt. Er wurde vielleicht durch Jeremia selbst – unter der Leitung des Heiligen Geistes – diesem Buch hinzugefügt.

In der Septuaginta, der griechischen Übersetzung des Alten Testaments, werden eine Anzahl Stellen ausgelassen: Kapitel 10, 6–10; 17, 1–4; 27, 1. 7. 13 und teilweise 17–22; 29, 16–20; 33, 14–26;

39, 4–13; 51, 44–49; 52, 28–30 und andere Stellen. Die Kapitel 46–51 stehen in geänderter Reihenfolge hinter Kapitel 25, 13. Viele Forscher sind sich jedoch darin einig, daß die im griechischen Denken geschulten alexandrinischen Übersetzer versucht haben, den schwierigen Aufbau des hebräischen Buches Jeremia zu „glätten“. Der überlieferte hebräische massoretische Text des Buches verdient daher eindeutig den Vorzug.

c) Prophetische Symbole

Symbolische Handlungen und Zeichen finden sich bei vielen Propheten, zum Beispiel Hesekiel 2, 8–3,3; Hosea 1, 2–9; Sacharja 11, 7–17. Nirgends kommen jedoch so viele prophetische Symbole vor wie im Buche Jeremia.

- Der leinene Gürtel (Kap. 13, 1–11): Verwerfung Israels.
- Der Töpfer und der Ton (Kap. 18, 1–10): Gottes Langmut.
- Der irdene Krug (Kap. 19, 1–13): Zerstörung.
- Das Joch (Kap. 27, 2–11; 28, 2. 10–14): Unterwerfung.
- Der Kauf des Feldes (Kap. 32, 6–15): Glaube und Hoffnung.
- Die vermauerten Steine (Kap. 43, 8–13): Erniedrigung.
- Das versenkte Buch (Kap. 51, 59–64): Vernichtung Babels.

4. Inhaltsübersicht

I. Jeremia 1:	*Die Berufung des Propheten*
II. Jeremia 2–29:	*Gottes Appell an das Gewissen des Volkes*
Kapitel 2	Israels Abfall
Kapitel 3	Gerichtsankündigung
Kapitel 4	Aufruf zur Umkehr
Kapitel 5	Verhärtung Judas
Kapitel 6	Ankündigung der Belagerung Jerusalems
Kapitel 7	Die Gründe für das Strafgericht
Kapitel 8	Unverständnis des Volkes
Kapitel 9	Klage des Propheten
Kapitel 10	Jehova und die Götzen
Kapitel 11	Israel hat den Bund gebrochen
Kapitel 12	Jehova wendet sich ab

Kapitel 13	Gericht und Gefangenschaft
Kapitel 14	Die große Dürre
Kapitel 15	Der Überrest und Jehova
Kapitel 16	Vertreibung und Rückführung
Kapitel 17	Die Stellung des Überrestes
Kapitel 18–19	Gottes Souveränität
Kapitel 20	Verfolgung Jeremias
Kapitel 21–22	Gericht über das Haus Davids
Kapitel 23	Die bösen Hirten Israels
Kapitel 24	Der Weg des Lebens und des Todes
Kapitel 25	Ankündigung des siebzigjährigen Exils
Kapitel 26	Jeremia in Lebensgefahr
Kapitel 27–28	Die Jochstäbe: Unterjochung durch Babel
Kapitel 29	Jeremia tröstet die Gefangenen in Babel

III. Jeremia 30–33: Der neue Bund und das Friedensreich

Kapitel 30	Die Rettung des Volkes
Kapitel 31	Der neue Bund
Kapitel 32	Die Treue Jehovas
Kapitel 33	Rettung und Lob

IV. Jeremia 34–39: Ereignisse und Weissagungen vor dem Fall Jerusalems

Kapitel 34	Jeremia warnt Zedekia
Kapitel 35	Die Treue der Rekabiter
Kapitel 36	Jojakims Verachtung des Wortes Gottes
Kapitel 37	Jeremia kommt ins Gefängnis
Kapitel 38	Jeremia und Zedekia
Kapitel 39	Die Einnahme Jerusalems

V. Jeremia 40–45: Ereignisse und Weissagungen nach dem Fall Jerusalems

Kapitel 40	Jeremia bleibt bei dem Statthalter Gedalja
Kapitel 41	Gedalja wird ermordet

Kapitel 42–43	Der Überrest zieht trotz Jeremias Warnung nach Ägypten
Kapitel 44	Jeremias Weissagungen in Ägypten
Kapitel 45	Jeremias Warnung an Baruk

VI. Jeremia 46–51: Weissagungen über die Nationen

Kapitel 46	Prophezeiung über Ägypten
Kapitel 47	Prophezeiung über die Philister
Kapitel 48	Prophezeiung über Moab
Kapitel 49	Prophezeiung über Ammon, Edom, Damaskus und andere Feinde
Kapitel 50–51	Prophezeiung über Babel

VII. Jeremia 52: Historischer Anhang: Der Fall Jerusalems

Die Klagelieder

5 Kapitel

1. Verfasser und Entstehungszeit

Obwohl die Klagelieder keinen Verfassernamen aufweisen, werden sie bereits in der ältesten Tradition dem Propheten Jeremia zugeschrieben. In der Septuaginta (griechische Übersetzung des AT, um 200 v. Chr.) beginnen die Klagelieder mit den Worten: „Und es geschah, nachdem Israel gefangengenommen und Jerusalem zerstört worden war, daß Jeremia saß und mit dem folgenden Klagelied klagte und sprach: Wie sitzt einsam die volkreiche Stadt ...“. Die meisten Forscher – auch diejenigen, die Jeremia als Verfasser ablehnen – sind sich darüber einig, daß der Schreiber ein Augenzeuge der Zerstörung Jerusalems gewesen sein muß. Solch ein Augenzeuge war Jeremia (vgl. Jer 39). Die Verfasserschaft Jeremias wird auch durch eine Reihe von stilistischen Parallelen in den beiden aufeinanderfolgenden Büchern unterstrichen.

Die Zerstörung Jerusalems durch die Babylonier im Jahre 586 v. Chr., die in den Klageliedern von Jeremia als Augenzeuge beschrieben wird, ist für das Datum der Niederschrift ausschlaggebend. Die Entstehungszeit dieses kleinen Buches wird daher kurz nach diesem Ereignis, in den letzten Lebensjahren Jeremias, anzusetzen sein.

2. Zweck der Niederschrift

In den meisten heutigen Bibelausgaben folgen die Klagelieder auf das Buch Jeremia. In der hebräischen Bibel stehen sie jedoch im dritten Teil, den „Schriften“ (hebr. *Ketubim*); sie gehören hier zu den sogenannten „Rollen“ (hebr. *Megillot*), die an bestimmten Festtagen gelesen werden. Die Lesung der Klagelieder erfolgt am 9. Tage des Monats Ab (Juli/August), dem Fastentage anläßlich der Zerstörung Jerusalems (vgl. Jer 52, 6).

Die Klagelieder sind in Gedichtform geschrieben. Die fünf Kapitel bilden fünf Strophen einer Elegie über den Fall Zions. Die beiden ersten Strophen bestehen aus je 22 Liedversen, deren Anfangsbuchstaben der Reihenfolge des hebräischen Alphabets entsprechen. Die dritte Strophe ist ebenso aufgebaut, jedoch mit dem Unterschied, daß jede der drei Zeilen der 22 Liedverse mit dem gleichen Anfangsbuchstaben beginnt. Dadurch enthält diese Strophe beziehungsweise dieses Kapitel 66 Verse. Die vierte Strophe ist wieder wie die beiden ersten aufgebaut, nur besteht hier jeder Liedvers aus zwei statt drei Zeilen. Die fünfte Strophe besteht aus 22 einzeiligen Versen, die jedoch nicht alphabetisch angeordnet sind. Wir haben hier also einen der seltenen Fälle, wo die Kapitel- und Verseinteilung inspiriert ist! (Vergleiche den Abschnitt über die hebräische Dichtkunst auf Seite 120.)

Die Klagelieder sind der Ausdruck eines Herzens voll Liebe für das irdische Volk Jehovas, das wegen seiner Sünden von Ihm dadurch gestraft wurde, daß es sein Königtum, sein Land, seine Stadt und sein Heiligtum verlor. Jeremia betrachtet sich als Glied dieses Volkes, aber er tut dabei Buße und hofft trotz aller Trauer auf Gott.

3. Besonderheiten

Christus in den Klageliedern

Ähnlich wie in den Psalmen können wir auch in den Klageliedern eine prophetische Vorschau auf die Leiden des jüdischen Überrestes in der letzten Drangsalszeit vor der Erscheinung Christi sehen. Wie Jeremia sich mit dem traurigen Zustand des Volkes unter Gottes Strafgericht damals einsmachte, so hat auch der Herr Jesus Mitgefühl mit dem Schmerz Israels, besonders des gläubigen Überrestes.

Es sind daher verschiedene Parallelen zu erkennen. Jeremia klagte über Jerusalem, und auch der Herr Jesus tat es (Mt 23, 37–38; Lk 19. 41 44).

Weitere Parallelen:

Klagelieder 2, 15–16	– Matthäus 27, 39
Klagelieder 3, 8	– Matthäus 27, 46
Klagelieder 3, 19	– Matthäus 27, 34

4. Inhaltsübersicht

I. Klagelieder 1: *Klage über Jerusalems Zerstörung*

II. Klagelieder 2: *Die Ursache für Gottes Zorn*

III. Klagelieder 3: *Klage des Propheten*

IV. Klagelieder 4: *Die Leiden der Belagerung*

V. Klagelieder 5: *Bitte um Barmherzigkeit*

Der Prophet Hesekiel

48 Kapitel

1. Verfasser und Entstehungszeit

Das Buch des Propheten Hesekiel (der Name bedeutet: „Gott stärkt“; in manchen Bibelausgaben *Ezechiel* nach der lateinischen Vulgata) trägt den Namen seines Verfassers, der in diesem Buch zweimal erwähnt wird (Hes 1, 3; 24, 24). Im Gegensatz zu manchen anderen Propheten ist Hesekiel nicht so stark von der Kritik angegriffen worden. Sollte der Grund darin liegen, daß in diesem Buch nicht so ausführlich von der Herrlichkeit des Herrn Jesus, des Messias, die Rede ist?

Nach Hesekiel 1, 3 war der Prophet mit dem König Jojakin und vielen Edlen des Volkes Juda bei der zweiten Wegführung im Jahre 597 v. Chr. nach Babel gebracht worden. Dieses Ereignis wird in 2. Könige 24, 14 und 2. Chronika 36, 10 beschrieben. Hesekiel stammte wie Jeremia aus dem priesterlichen Geschlecht Aarons (Hes 1, 3). Für die nicht eindeutige Zeitangabe „im dreißigsten Jahr“ in Hesekiel 1, 1, gibt es verschiedene Erklärungen; eine davon ist, daß Hesekiel sein eigenes Alter meint (vgl. dazu 4. Mo 4, 3; 1. Chr 23, 3). Er war verheiratet; seine Frau starb an dem Tag, als Jerusalem gestürmt wurde (Hes 24, 1. 18). Er wohnte nach der Gefangennahme in einem eigenen Hause in Tell-Abib am Fluß Kebar und besaß Ansehen bei den weggeführten Juden, denn sie suchten ihn mehrfach auf (Hes 8,1; 14,1; 20,1).

Hesekiel begann seinen Dienst als Prophet im 5. Jahre der Wegführung (Hes 1, 2), das heißt ca 593 v. Chr. Damals war der Prophet Daniel, den Hesekiel wahrscheinlich kannte, bereits ca. 12 Jahre als Gefangener im Palast des Königs von Babel (vgl. Hes 14, 14. 20; 28, 3).

Die letzte Botschaft Hesekiels mit Datumsangabe wurde im 27. Jahre der Verbannung, das heißt 571 v. Chr., gegeben (Hes 29, 17). Hesekiel hat also mindestens 22 Jahre in Babel geweissagt.

Insgesamt gibt Hesekiel in seinem Buch dreizehn genaue Datumsangaben für seine Weissagungen. Ihre chronologische Reihenfolge ist: Hesekiel 1, 1; 8, 1; 20, 1; 24, 1; 29, 1; 26, 1; 30, 20; 31, 1; 33, 21; 32, 1.17; 40, 1; 29, 17. Bis auf drei Ausnahmen stehen die Aussprüche Hesekiels also in der richtigen zeitlichen Abfolge und sind wohl auch dementsprechend niedergeschrieben worden.

Hesekiel wird in der Heiligen Schrift sonst nirgends erwähnt. Auch finden sich im NT keine Zitate, wohl aber bemerkenswerte Parallelen (s. Abschn. 3: Besonderheiten).

2. Zweck der Niederschrift

Das Buch Hesekiel ist das dritte in der Reihe der sogenannten vier großen Propheten. Hesekiel ist auch einer der drei Exilpropheten. Während Jeremia in Jerusalem den Untergang des Reiches Juda erlebte, waren Daniel und Hesekiel bereits nach Babel deportiert.

Inhaltlich weisen die Prophezeiungen Hesekiels große Übereinstimmung mit denen Jeremias auf. Auch seine Weissagungen sind mit vielen Bildern und Symbolen durchsetzt. Beide rufen dem von Gott abgefallenen Volk seinen traurigen Zustand ins Gedächtnis, beide sagen den Untergang des Reiches Juda und die Zerstörung Jerusalems, aber auch die endliche Wiederherstellung im Tausendjährigen Reich voraus. Anders als Jeremia ordnet Hesekiel unter der Leitung des Heiligen Geistes – der in diesem Buche besonders häufig erwähnt wird (zum Beispiel Hes 2, 2; 3, 12. 24) – seine Weissagungen in übersichtlicher Form an. Der erste Teil zeigt den Zustand des Volkes, der zu seiner Verwerfung führte (Hes 1–24). Danach kündigt Hesekiel die Gerichte über die Nachbarvölker an (Hes 25–32). Schließlich folgt im letzten Teil die Vorhersage der endzeitlichen Umkehr des ganzen Volkes Israel und die Beschreibung des Tausendjährigen Reiches mit dem Tempel in Jerusalem (Hes 33–48).

Zu den Weissagungen Jeremias besteht bei aller Unterschiedlichkeit der Umstände eine gewisse Parallelität. Dagegen ergänzen Hesekiel und Daniel einander. Daniel beschreibt hauptsächlich die Geschichte der vier großen prophetischen Weltmächte, das heißt die „Zeiten der Nationen" (vgl. Lk 21, 24). Hesekiel hingegen stellt die Ereignisse vor und nach dieser Zertretung Jerusalems dar. Deshalb wird die Erscheinung des Messias (das heißt Sein erstes und Sein zweites Kommen auf die Erde) nicht beschrieben.

3. Besonderheiten

a) Hesekiel und das Neue Testament

Direkte Zitate aus dem Buch Hesekiel sind im NT nicht nachzuweisen.

Eine Anspielung auf Hesekiel dürfen wir jedoch in Johannes 3 sehen. Dort wird berichtet, daß der Herr Jesus mit Nikodemus, dem Obersten der Juden, über die Notwendigkeit der neuen Geburt sprach. Die Geburt aus Wasser und Geist ist die göttliche Voraussetzung, um in das Reich Gottes auf der Erde eingehen zu können. Hesekiel hatte bereits geschrieben, daß Gott Sein Volk sammeln, es mit reinem *Wasser* von seinen Unreinigkeiten und Götzen reinigen, einen neuen *Geist* in ihr Inneres geben und ihnen Seinen Geist geben würde (Hes 36, 25–27). Das hätte Nikodemus wissen müssen, und der Herr fragt ihn deshalb: „Du bist der Lehrer Israels und weißt dieses nicht?"

Zwischen Hesekiel und dem Buch der Offenbarung bestehen mehrere auffallende Ähnlichkeiten:

Hes 1, 5. 10. 26. 28	– Off 4, 2–7	Der Thron Gottes
Hes 3, 3	– Off 10, 9–10	Das Essen des Buches
Hes 8, 3	– Off 13, 14	Das Bildnis
Hes 9, 4–6	– Off 7, 3	Das Zeichen der Versiegelung

Hes 10, 1–8	– Off 8, 1–5	Die Feuerkohlen
Hes 38, 2	– Off 20, 8	Gog und Magog
Hes 40	– Off 21	Das neue Jerusalem
Hes 47, 1–12	– Off 22, 1–2	Der Strom und der Baum des Lebens

Zum Teil sind es regelrechte Übereinstimmungen, wie zum Beispiel die Beschreibung des Thrones Gottes und der vier lebendigen Wesen. Teilweise geht die neutestamentliche Weissagung über das im AT Offenbarte hinaus. So ist das Jerusalem bei Hesekiel irdisch, in der Offenbarung jedoch die himmlische Stadt.

b) Die Herrlichkeit Jehovas

Die Herrlichkeit Jehovas, das sichtbare Zeichen der Gegenwart Gottes bei Seinem Volke Israel, spielt im Buche Hesekiel eine große Rolle. Sie wird als eine Wolke dargestellt, die im Allerheiligsten des Tempels ruhte (vgl. 2. Mo 40, 35; 1. Kön 8, 10. 11). Hesekiel erwähnt sie an folgenden Stellen: Kap. 1, 28; 3, 12.23; 8, 4; 9, 3; 10, 4. 18. 19; 11, 22.23; 43, 2.4.5; 44, 4.

Als Jehova Sein Volk verwarf, verließ diese Wolke der Herrlichkeit den Tempel und die Stadt Jerusalem. Aber am Ende des Buches erscheint sie wieder und wird im neuen Tempel des Tausendjährigen Reiches wohnen. Nur einmal in der langen Zwischenzeit ist sie sichtbar geworden: bei der Verherrlichung des Herrn Jesus auf dem Berge (Mt 17, 5; vgl. 2. Pet 1, 17).

4. Inhaltsübersicht

I. Hesekiel 1–24: Weissagungen über die Zerstörung Jerusalems

Kapitel 1	Hesekiels Vision der Herrlichkeit Gottes
Kapitel 2–3	Hesekiels Auftrag
Kapitel 4–5	Strafgericht über Jerusalem
Kapitel 6	Strafgericht über den Götzendienst
Kapitel 7	Gericht über Israel

Kapitel 8	Der Götzendienst Israels
Kapitel 9	Der Engel schlägt Jerusalem
Kapitel 10	Die Herrlichkeit Gottes verläßt den Tempel
Kapitel 11	Androhung des Strafgerichts
Kapitel 12	Wegführung des Königs nach Babel
Kapitel 13	Weissagungen gegen die falschen Propheten
Kapitel 14	Strafgericht über die Götzendiener
Kapitel 15	Der nutzlose Weinstock
Kapitel 16	Untreue und Undankbarkeit Jerusalems
Kapitel 17	Erniedrigung und Erhöhung des Hauses David
Kapitel 18	Das gerechte Gericht Gottes
Kapitel 19	Klage über die Fürsten Israels
Kapitel 20	Vergangenheit, Gegenwart und Zukunft Israels
Kapitel 21	Das Schwert Gottes
Kapitel 22	Die Sünden Jerusalems
Kapitel 23	Ohola und Oholiba: Samaria und Jerusalem
Kapitel 24	Jerusalems Zerstörung wird angekündigt

II. Hesekiel 25–32: Weissagungen über sieben Nachbarvölker

Kapitel 25	Ammon, Moab, Edom und die Philister
Kapitel 26–28	Untergang der Städte Tyrus und Sidon
Kapitel 29–32	Weissagungen über Ägypten

III. Hesekiel 33–48: Weissagungen über die Wiederherstellung Israels

Kapitel 33	Das Wächteramt des Propheten
Kapitel 34	Die Hirten Israels und der wahre Hirte
Kapitel 35	Gericht über Edom (Seir)
Kapitel 36	Israels Umkehr und Segnung
Kapitel 37	Auferstehung und Wiedervereinigung Israels
Kapitel 38–39	Angriff und Vernichtung Gogs
Kapitel 40–42	Der Tempel im Tausendjährigen Reich
Kapitel 43–46	Der Gottesdienst im Tausendjährigen Reich
Kapitel 47–48	Das Land Israel im Tausendjährigen Reich

Der Prophet Daniel

12 Kapitel

1. Verfasser und Entstehungszeit

Das Buch des Propheten Daniel (sein Name bedeutet: „Mein Richter ist Gott“) verdankt seinen Namen der Hauptperson. Im ersten Teil schreibt Daniel, wie viele Autoren des Altertums und auch der Bibel, von sich in der dritten Person, aber im zweiten Teil, ab Kapitel 7, 28, in der ersten Person. In Kapitel 7, 1 berichtet Daniel, daß er den ihm offenbarten Traum aufschrieb. Im letzten Kapitel wird er aufgefordert, die Worte zu verschließen und das Buch zu versiegeln (Dan 12, 4). Dies kann sich nur auf das gesamte von ihm geschriebene Buch beziehen.

Daniel gehörte zu denjenigen Juden, die im Jahre 605 v. Chr. bei der ersten Belagerung Jerusalems durch Nebukadnezar nach Babel geführt wurden (vgl. Dan 1, 1–2 mit 2. Kön 24, 1 und 2. Chr 36, 6–7). Dadurch ging die ca. 100 Jahre früher ergangene Weissagung Jesajas an den König Hiskia in Erfüllung, die besagte, daß Nachkommen des Königs von Juda Diener des Königs von Babel werden würden (vgl. Dan 1, 3 mit Jes 39, 5–7). Daniel war einer dieser Vornehmen und Nachkommen des jüdischen Königshauses, die dazu ausersehen waren, nach gründlicher Schulung Dienst am babylonischen Königshof zu tun. Er war bei seiner Gefangennahme wohl nicht älter als 15–20 Jahre.

Durch ihre gläubige Entschiedenheit waren Daniel und seine drei Freunde Hananja, Misael und Asarja in ihrer heidnischen Umgebung beispielhaft. In den ersten sechs Kapiteln dieses Buches wird ihre – besonders aber Daniels – Treue in den verschiedensten Lebensumständen beschrieben.

Daniel diente unter Nebukadnezar als Regent über die Landschaft Babel und als Obervorsteher der Weisen Babels (Dan 2, 48). Nach dessen Tod hören wir erst wieder in der Zeit Belsazars von Daniel. Belsazar war der Sohn Nabonids und herrschte in dessen Abwesenheit als Vizekönig. In dieser Zeit war Daniel bereits ein alter Mann.

Nach der Eroberung Babels durch Darius, den Meder (wahrscheinlich Gubaru oder Gobryas), im Jahre 539/38 v. Chr. wurde Daniel als einer der drei Vorsteher ernannt, die über die 120 Satrapen des medisch-persischen Reiches herrschten (Dan 6, 2–3).

Die letzte Datumsangabe ist das 3. Jahr des Königs Kores (Cyrus) von Persien in Daniel 10, 1, das heißt 536/35 v. Chr. Daniel war also etwa 85–90 Jahre alt, als er seine letzten Visionen niederschrieb.

Daniel war ein Zeitgenosse Hesekiels, der ca. 8 Jahre später, im Jahre 597 v. Chr., in die babylonische Gefangenschaft ging. Hesekiel erwähnt Daniel dreimal in seinem Buch (Hes 14, 14. 20; 28, 3). Daniel kannte auch die Schriften des Propheten Jeremia, der seinen Dienst bereits einige Jahre vor den Angriffen der Babylonier auf Jerusalem begonnen hatte. Beim Studium des Buches Jeremia erkannte Daniel, daß die vorausgesagte siebzigjährige Gefangenschaft nun bald zu Ende gehen würde (Dan 9, 2).

Als der Herr Jesus in Seiner Endzeitrede auf dem Ölberg von der Entweihung des Tempels durch den Antichrist sprach, erwähnte Er dabei ausdrücklich „Daniel, den Propheten“ (Mt 24, 15; vgl. Dan 11, 31; 12, 11). Auch in Matthäus 24, 30 und 26, 64 bezieht der Herr Jesus sich auf Daniel 7, 13.

In Hebräer 11 wird Daniel nicht namentlich unter den Glaubenshelden des AT erwähnt. Aber sollten die Worte in Vers 33, daß es Männer gegeben hatte, die „durch Glauben ... der Löwen Rachen verstopften“, sich nicht auf Daniel beziehen, der in der Löwengrube bewahrt blieb (Dan 6)?

Das Buch Daniel ist seit frühester Zeit immer wieder Gegenstand ungläubiger Kritik gewesen. Die ersten Angriffe stammen von dem heidnischen Neuplatoniker Porphyrius von Tyrus (3. Jh. n. Chr.), der in seiner Schrift gegen die Christen das Buch Daniel als das Werk eines Juden aus dem 2. Jh. v. Chr. bezeichnete. Ähnliche Auffassungen vertreten auch die modernen Kritiker. Als Gründe gegen die Verfasserschaft Daniels werden angebliche historische Ungenauigkeiten, sprachliche Einzelheiten und die „Theologie" Daniels angeführt. Die Hauptursache aller Kritik ist, wie bei Jesaja, ohne Zweifel die Tatsache, daß Daniel historische Ereignisse mit unübertrefflicher Genauigkeit vorausgesagt hat. Daniel hat nämlich unter anderem die syrisch-ägyptischen Kämpfe der Makkabäerzeit bis ins einzelne gehend beschrieben (Dan 11, 1–35). Das aber, so sagen die Kritiker, kann es nicht geben. Ein Buch, das solche Einzelheiten enthält, muß nach diesen Ereignissen geschrieben worden sein. Aber Daniel hat auch das Datum des Kommens Christi genau angegeben (Dan 9, 25). Schließlich schreibt er von den noch zukünftigen Ereignissen der Endzeit vor dem zweiten Kommen Christi. In allem werden deutlich die Worte des Propheten Amos bestätigt: „Denn der Herr, Jehova, tut nichts, es sei denn, daß er sein Geheimnis seinen Knechten, den Propheten, offenbart habe" (Amos 3,7).

2. Zweck der Niederschrift

Das Buch Daniel gehört in der hebräischen Bibel nicht zu den Propheten, sondern zu den „Schriften" (hebr. *Ketubim*), dem dritten und letzten Teil des AT, und steht dort zwischen Esther und Esra. Ein großer Teil des Buches, nämlich Kapitel 2, 4–7, 28 ist aramäisch geschrieben. Aramäisch war die Verwaltungssprache der Babylonier und Perser. Der Grund für diese Tatsachen ist wohl darin zu suchen, daß Daniel, im Gegensatz zu den übrigen Propheten, die während und nach dem Exil lebten, kaum über Israel oder Juda, sondern hauptsächlich über heidnische Völker weissagte. Das große Thema des Buches Daniel sind die vier Weltreiche, die nach der Zerstörung Jerusalems bis zur Erscheinung Christi vor dem Friedensreich die Weltgeschichte beherrschten und beherrschen werden. Diese Periode wird im NT die „Zeiten der Nationen" genannt (Lk 21, 24). Jehova konnte Sein irdisches Volk Israel beziehungsweise Juda nicht mehr offen anerkennen. Er bestrafte es durch die Gefangenschaft in Babel und die Verwüstung Jerusalems und des Tempels. Er hatte Seine Wohnung, den Tempel, verlassen (Hes 10, 4. 18; 11, 23). Der Gott des Himmels und der Erde (1. Mo 14, 19) hatte sich gleichsam in den Himmel zurückgezogen. Er wird im Buch Daniel viermal der Gott des Himmels genannt (Dan 2, 18. 19. 37. 44), einmal König des Himmels (Dan 4, 37) und einmal Herr des Himmels (Dan 5, 23). In dieser Zeit Seiner indirekten Herrschaft legt Gott die Macht über die Erde in die Hand heidnischer Nationen, bis zu dem Zeitpunkt, da Sein Gesalbter, der Herr Jesus, als verherrlichter Sohn des Menschen die Regierung über die Welt übernehmen wird.

Daniel gibt einen prophetischen Überblick über die Zeiten der Nationen, das heißt, der vier Weltreiche Babylon, Medo-Persien, Griechenland und Rom. Nach dem vollständigen Versagen der Machtausübung dieser Reiche wird am Ende das Volk Israel wieder von Gott angenommen und Christus als König über alles herrschen.

Die Tatsache, daß im Buch Daniel die Zeiten beschrieben werden, in denen wir noch heute leben, macht es für den Christen besonders interessant.

Das Buch läßt sich in zwei große Teile zerlegen. Der erste Teil (Dan 1–6) beschreibt nach der Einführung eines treuen Überrestes (Dan 1) verschiedene historische Ereignisse aus dem Leben Daniels. Zunächst wird in Kapitel 2 über den Traum Nebukadnezars und seine Deutung durch Daniel berichtet. Dieser Traum enthält Nebukadnezars menschliche Sicht der vier Weltreiche: ein imposantes Bild. Die dann folgenden Kapitel 4–6 zeigen jedoch nicht nur die beispielhafte Treue Daniels und seiner Freunde, sondern weisen auf verschiedene Charakterzüge der heidnischen Weltreiche hin, die in der Endzeit ihren Höhepunkt finden werden. Kapitel 3 zeigt den Götzendienst, Kapitel 4 die menschliche Selbstüberhebung, Kapitel 5 die Gotteslästerung und Kapitel 6 die Vergötterung des Menschen.

Der zweite Teil beginnt in Daniel 7 mit einer zweiten Offenbarung über die vier Weltreiche, aber diesmal aus göttlicher Sicht: die Reiche gleichen wilden Tieren. Kapitel 8 handelt von dem zweiten und dritten Reich, Kapitel 9 von dem Ende der babylonischen Gefangenschaft und dem Messias, Kapitel 10–11 von den Königen des Nordens (Syrien) und des Südens (Ägypten), und Kapitel 12 bildet den Schluß, in dem wiederum der treue Überrest angesprochen wird.

Zwischen Daniel und den Zukunftsoffenbarungen des NT bestehen enge Beziehungen. Matthäus 24–25, 2. Thessalonicher 1–2 und die Offenbarung sind Ergänzungen beziehungsweise Erweiterungen der Offenbarungen, die Daniel empfing. Nur wer sie alle zusammen betrachtet, kann das rechte Verständnis über die zukünftigen Ereignisse erhalten.

3. Besonderheiten

a) Die siebzig Jahrwochen

In Daniel 9, 24–27 werden genaue Angaben über den Zeitpunkt der Erscheinung des Messias gemacht. Nach „siebzig Wochen“, das heißt Perioden von jeweils sieben Jahren (= „Jahrwochen“, vgl. 3. Mo 25, 8), soll den Sünden ein Ende gemacht, eine ewige Gerechtigkeit eingeführt und ein Allerheiligstes gesalbt werden. Die siebzig Jahrwochen zerfallen in drei Perioden: sieben Wochen (= 49 Jahre), zweiundsechzig Wochen (= 434 Jahre) und eine Woche (= 7 Jahre), das heißt insgesamt 490 Jahre.

Der Ausgangspunkt für die Zählung dieser 490 Jahre ist der Befehl, die Stadt Jerusalem wieder aufzubauen. Das geschah im Jahre 445 v. Chr., im 20. Jahre Artasastas (Neh 2)*. Zunächst folgen dann die sieben Wochen, das heißt 49 Jahre, in denen Jerusalem unter großer Bedrohung von außen und innen aufgebaut wurde. Das wird zum Teil im Buch Nehemia beschrieben. Daran schließen sich die 62 Wochen oder 434 Jahre an, die zu dem Messias hinführen. Doch nach den 69 Wochen, das heißt nach 483 Jahren, würde der Messias weggetan werden und nichts haben.

* Nach älterer Auffassung erfolgte der Erlaß Artasastas im Jahre 455 v. Chr. Zieht man davon 483 Jahre ab. so erreicht man das Jahr 28 n. Chr.

Das kann sich nur auf den Tod und die Himmelfahrt des Herrn Jesus beziehen. Wenn man diese 483 Jahre als prophetische Jahre mit 360 Tagen (12 mal 30 Tage) berechnet, erhält man 173 880 Tage, die bei Einbeziehung der Schaltjahre 476 Kalenderjahre ergeben und bis zum Jahre 31/32 n. Chr. führen.

Die letzte Jahrwoche wartet noch auf ihre Erfüllung. Es handelt sich um die letzten sieben Jahre vor der Aufrichtung des Tausendjährigen Reiches. Zwischen dem Ende der 69. und dem Beginn der 70. Jahrwoche liegt die jetzige Gnadenzeit, in der der „Kalender Israels" gleichsam außer Kraft gesetzt ist. Nach der Entrückung der Gläubigen wird die letzte Jahrwoche Daniels beginnen. Laut Daniel 9, 27 wird sie nochmals in zwei Hälften unterteilt. Die zweite Hälfte von dreieinhalb Jahren wird in der Offenbarung mehrfach erwähnt, entweder als „Zeiten, eine Zeit und eine halbe Zeit" (Off 12, 14; vgl. Dan 7, 25) oder als zweiundvierzig Monate (Off 11, 2; 13, 5) oder auch als 1260 Tage (Off 11, 3; 12, 6). Geht man davon aus, daß es sich immer um die gleiche Zeit von dreieinhalb Jahren handelt, so erkennt man, daß diese „prophetischen Jahre" aus 12 mal 30 Tagen bestehen.

b) Die vier Weltreiche

Nach Daniel 2 und 7 betrachtet der Gott des Himmels die Weltgeschichte aus anderer Sicht als der Mensch. Für Ihn ist Sein Volk Israel das wichtigste Volk auf Erden (5. Mo 32, 8–9) und das Land Palästina ist der Nabel, das heißt der Mittelpunkt der Erde (Hes 38, 12). In der Zeit der Verwerfung Israels als Volk sieht Gott die Weltgeschichte als Folge von vier großen Weltreichen: Babylon, Persien, Griechenland und Rom. In Daniel 2 erscheinen diese Reiche dem König Nebukadnezar in Gestalt eines imposanten menschlichen Bildes, das aus vier Teilen besteht, aber schließlich ohne menschliches Dazutun durch einen Stein (den Herrn Jesus) vernichtet wird. In Daniel 7 gibt Gott dem Propheten eine andere Sicht; hier stellen sich die vier Reiche als reißende, wilde Tiere ohne Verstand dar, die schließlich ihr Urteil empfangen.

Daniel 2	Daniel 7	Erklärung
1. Das Haupt von Gold	Der Löwe mit Adlersflügeln	Babylon (Dan 2,37–38)
2. Brust und Arme von Silber	Der Bär	Persien (Dan 5,28; 6, 1)
3. Bauch und Lenden von Erzs	Leopard	Griechenland (Dan 8, 20–21)
4. Schenkel von Eisen, Füße teils von Eisen, teils von Ton	Das Tier mit zehn Hörnern	Das Römische Reich (vgl. Off 13,1; 17,3.7.12)

Rom, das vierte Weltreich, herrschte zur Zeit des Erdenlebens Christi (siehe Lk 2, 1). Es ging im Mittelalter unter, wird aber nach Offenbarung 17, 8 b in der Endzeit wieder erstehen („es war und ist nicht und wird da sein“) und mit den anderen Ländern von Christus vor der Aufrichtung des Tausendjährigen Reiches vernichtet werden (Dan 2, 44–45; 7, 11–14; Off 13; 19, 19–21).

4. Inhaltsübersicht

I. Daniel 1, Einleitung: Daniels Entschluß und Gottes Antwort

II. Daniel 2–6: Der Charakter der Weltreiche

Kapitel 2	Die vier Weltreiche: Nebukadnezars menschliche Sicht
Kapitel 3	Das goldene Standbild: Götzendienst
Kapitel 4	Nebukadnezars Überhebung, Fall und Wiederherstellung
Kapitel 5	Belsazars Gotteslästerung und Strafe
Kapitel 6	Daniel in der Löwengrube

III. Daniel 7–11: Prophetische Geschichte der Weltreiche

Kapitel 7	Die vier Weltreiche: Daniels göttliche Sicht
Kapitel 8	Persien und Griechenland
Kapitel 9	Daniels Demütigung und die Zeit der 70 Jahrwochen
Kapitel 10–11	Die Könige des Nordens und des Südens

IV. Daniel 12, Schluß: Der treue Überrest

Der Prophet Hosea

14 Kapitel

1. Verfasser und Entstehungszeit

Hosea (sein Name bedeutet: „Heil, Rettung“) ist der erste der sogenannten zwölf kleinen Propheten, die in der hebräischen Bibel zu einem einzigen Buch, genannt „die Zwölf“, zusammengefaßt sind. Außer dem Namen seines Vaters, der Beeri hieß (Hos 1, 1), erfahren wir nichts über die Herkunft dieses Propheten. Die Regierungszeiten der in Kapitel 1, 1 von ihm erwähnten Könige Ussija, Jotham, Ahas und Hiskia von Juda und des Königs Jerobeam II. von Israel erstreckten sich von ca. 793 bis 697 v. Chr., das heißt über eine Zeit von fast 100 Jahren. Die Vermutungen der Forscher über Hoseas Wirkungszeit variieren daher zwischen 70 und 25 Jahren! Hosea wirkte im nördlichen Zehnstämmereich, aber seine Botschaften bezogen sich zum Teil auch auf das Reich Juda. Da anzunehmen ist, daß sein Dienst mit der von ihm angedrohten Vernichtung des Nordreiches im Jahre 72 /21 v. Chr. endete, wird seine Dauer wahrscheinlich 30–50 Jahre betragen haben. Hosea war demnach ein Zeitgenosse von Jesaja, Micha und Amos.

Auf Geheiß Jehovas heiratete Hosea das „Hurenweib“ Gomer, die Tochter Diblåims, die zwei Söhne mit Namen Jisreel und Lo-Ammi und eine Tochter mit Namen Lo Ruchama gebar (siehe hierzu Abschnitt 3: „Besonderheiten“). Über Hoseas weitere Lebensumstände und seinen Tod erfahren wir nichts.

2. Zweck der Niederschrift

Die Zeit, in der Hosea wirkte, wird in 2. Könige 14, 23–20, 21 beschrieben. Unter Jerobeam II. gab es einen äußerlichen Aufschwung im Reiche Israel, aber der Abfall von Jehova und der

Götzendienst trieben das Volk unaufhaltsam einem Strafgericht zu. Zudem gab es immer wieder Angriffe der Assyrer-Könige auf das Reich Israel.

Durch die bitteren Erfahrungen mit seiner untreuen Frau Gomer mußte Hosea nach dem Willen Jehovas symbolisch durchleben, was das Volk Israel Gott mit seinem Götzendienst antat (Hos 1–3). Der Abfall Israels von Jehova war geistlicher Ehebruch. In den Namen der Kinder Hoseas kommt zwar das Gericht über Jisreel, die Stadt des Königs Jehu, und die Verwerfung des Volkes zum Ausdruck: *Lo-Ruchama* = „Nicht-Begnadigte" und *Lo-Ammi* = „Nicht mein Volk". Aber jeweils am Ende der Kapitel 1, 2 und 3 wird die Gnade Jehovas für das geteilte Gottesvolk angekündigt. Hoseas Botschaft kann mit den Worten zusammengefaßt werden: Jehova liebt Sein Volk trotz des Abfalls.

Der zweite Teil des Buches besteht aus längeren Klagen Hoseas. In ihnen bringt der Prophet seinen tiefen Schmerz über den Zustand des Volkes Israel zum Ausdruck, wobei er aber gleichzeitig alle zukünftigen Wege Gottes mit diesem Volke aufzeigt. Kapitel 14 schließt mit dem Appell zu wahrer Buße. Dies wird jedoch erst in der Endzeit in Erfüllung gehen.

3. Besonderheiten

a) Hoseas Ehe mit einem Hurenweib

Den meisten Auslegern in alter und neuer Zeit bereitet der Gedanke Schwierigkeiten, daß ein heiliger Gott einem Seiner Diener den Auftrag gegeben haben soll, eine in Sünde lebende Frau zu heiraten. Viele Juden betrachten diesen Bericht daher nicht als tatsächliche Begebenheit, sondern als symbolische Darstellung. Dieser Auffassung haben sich viele neuere Forscher angeschlossen. Andere wollen in den ersten drei Kapiteln eine Offenbarung Jehovas an Hosea sehen, in der gleichnishaft die Haltung Israels zu seinem Gott zum Ausdruck komme.

Aber es ist nicht erforderlich, den Text so umzudeuten. Eine andere Möglichkeit wäre die, daß das Wort „Hurenweib" (Hos 1, 2) vorgreifend ausdrückt, was Gomer nach der Heirat tun würde. Allerdings kann die Ausdrucksweise auch so verstanden werden, daß Gomer bereits vorher ein unmoralisches Leben geführt hat, was bei dem herrschenden Verfall des Volkes leicht verständlich wäre. Es gibt im AT noch ein weiteres Beispiel für die Verbindung eines Israeliten mit einer Hure: Salmon zeugte Boas von Rahab, der Hure (Mt 1, 5).

b) Hosea-Zitate im NT

Der Herr Jesus zitiert Hosea in den Evangelien dreimal:

– Matthäus 9, 13 und 12, 7	Hosea 6, 6
– Lukas 23,30	Hosea 10, 8

Der Apostel Paulus zitiert Hosea zweimal:

– Römer 9, 25–26	Hosea 2, 23; 1, 10
– 1. Korinther 15, 55	Hosea 13, 14

Der Apostel Petrus zitiert Hosea einmal:

– 1. Petrus 2,9–10	Hosea 2, 23; 1, 10

Außerdem bezieht der Evangelist Matthäus Hosea 11, 1 in Matthäus 2, 15 auf Christus.

4. Inhaltsübersicht

I. Hosea 1–3:	*Verwerfung und zukünftige Aufnahme Israels, des treulosen Eheweibes*
Kapitel 1	Israels Sünde und die Verheißung der Wiederherstellung
Kapitel 2	Strafe für Untreue und neue Verbindung
Kapitel 3	Israels Vergangenheit, Gegenwart und Zukunft

II. Hosea 4–14: Botschaften von Gericht und Erbarmen

Kapitel 4	Jehovas Zorn über Israel
Kapitel 5	Tadel und Strafgericht
Kapitel 6	Jehovas Klage über Ephraim
Kapitel 7	Die Sünde Israels
Kapitel 8–9	Strafe für den Abfall Israels
Kapitel 10	Schuld und Strafe
Kapitel 11	Gottes Barmherzigkeit
Kapitel 12	Der Zustand Israels
Kapitel 13	Israels Bosheit
Kapitel 14	Umkehr und Rettung

Der Prophet Joel

3 Kapitel

1. Verfasser und Entstehungszeit

Der erste Vers dieses kurzen Buches nennt als Verfasser Joel („Jehova ist Gott"), den Sohn Pethuels. Außer dieser äußerst knappen Mitteilung erfahren wir nichts über die Person und die Lebensumstände des Propheten Joel. Viel ist darüber gerätselt worden, wann er gelebt haben mag. Während einige Forscher die Entstehungszeit um 400 v. Chr. oder noch später ansetzen, sind doch viele Ausleger der Auffassung, daß Joel im 9. Jh. v. Chr., vielleicht zur Zeit des Königs Joas, im Reiche Juda gelebt und gewirkt hat.

Die äußere Veranlassung für dieses kurze Buch war eine gewaltige Heuschreckenplage, verbunden mit einer großen Dürre. Solche Ereignisse sind in weiten Teilen des Orients jedoch so häufig, daß sich daraus keine Schlüsse über den geschichtlichen Hintergrund ziehen lassen. Da die Heilige Schrift über die Zeit der Entstehung des Buches Joel schweigt, tun wir auch gut daran, dieses Schweigen anzuerkennen.

2. Zweck der Niederschrift

Die Weissagungen Joels schlagen einen weiten Bogen von der Not seiner Tage bis zu der Zeit der Bedrückung des Volkes Gottes, seiner Wiederherstellung und seiner Segnung am Tage Christi. So mag Joel zu Recht der Prophet des Tages Jehovas genannt werden. Fünfmal wird dieser Tag Jehovas erwähnt (s. Abschnitt 3: „Besonderheiten").

Die große Heuschreckenplage und die Trockenheit waren eine Strafe von seiten Jehovas. So hatten es bereits Mose (5. Mo 28, 38–39) und

Salomo (1. Kön 8. 37) vorhergesagt. Aber das Volk erkannte die Hand Jehovas nicht. Deshalb ruft der Prophet in Kapitel 1 die Alten und die Priester zur Klage und zur Buße auf.

In Kapitel 2 erweitert sich der Horizont. Hier werden nicht mehr nur die Heuschrecken gesehen, sondern ein Heer von Feinden, die das Land vom Norden her überfallen und es verwüsten. Auf dem Berge Zion wird Lärm geblasen, und das Volk tut Buße. Jetzt kommt der Tag Jehovas, an dem Er selbst Sein Volk vor dem Heere aus dem Norden rettet. Das Land wird nicht nur äußerlich gesegnet durch den Früh- und Spätregen, sondern der Heilige Geist wird über alles Fleisch ausgegossen werden. Wenn auch Petrus diese Worte Joels in Apostelgeschichte 2, 16–21 wörtlich zitiert, so steht die vollständige Erfüllung dieser Weissagung doch noch aus.

Im letzten Kapitel wird das Gericht der Nationen beschrieben, das am Tage Jehovas im Tale Josaphat stattfinden wird, aber auch der volle Segen des Friedensreiches.

3. Besonderheiten

Der Tag Jehovas

Der Tag Jehovas kommt in diesem kurzen Buch fünfmal vor: Kapitel 1, 15; 2, 1.11.31; 3, 14. Dieser Tag ist im AT der grausame Tag des Zornes Jehovas (Jes 13, 9; Zeph 2, 2.3), an dem Er mit Seinen Feinden kämpfen wird (Hes 13, 5). Oft wird der Tag Jehovas als nahe bevorstehend bezeichnet (Jes 13, 6; Hes 30, 3; Obad 15; Zeph 1, 7.14). Aber vorher soll der Prophet Elia nochmals erscheinen (Mal 4, 5; vgl. Lk 1, 17; Mk 9, 11–13).

Im NT wird der Tag Jehovas der Tag des Herrn genannt (1. Thes 5, 2; 2. Thes 2, 2; 2. Pet 3, 10). Damit ist der Zeitraum gemeint, der mit der Erscheinung Christi in Herrlichkeit mit den Seinigen beginnt. Er kommt dann zum Gericht über die Nationen und zur Errichtung Seines herrlichen Friedensreiches (Mt 25, 31ff; Off 19, 11ff). Aus 2. Thessalonicher 2, 2ff wissen wir, daß dem Tag des Herrn der totale Abfall der Christenheit und der Auftritt des

Antichristen, des Menschen der Sünde, voraufgeht. Der Tag des Herrn mit seinem Strafgericht wird dann über die Menschen wie ein Dieb in der Nacht hereinbrechen (1. Thes 5, 2.4; 2. Pet 3, 10).

Daher ist der Tag des Herrn nicht mit dem Kommen des Herrn zur Aufnahme der Gläubigen am Ende der jetzigen Gnadenzeit zu verwechseln (Joh 14, 3; 1. Kor 15, 51ff; 1. Thes 4, 15ff). Das ist das nächste Ereignis, auf das die Gläubigen in dieser Zeit warten (1. Thes 1, 10; Off 3, 11; 22, 7.12.20).

4. Inhaltsübersicht

I. Joel 1: *Geschichtlicher Hintergrund:*
Heuschrecken und Dürre

II. Joel 2: *Typologische Deutung:*
Angriff der Heere aus dem Norden

III. Joel 3: *Der Tag Jehovas:*
Gericht und Segnung

Der Prophet Amos

9 Kapitel

1. Verfasser und Entstehungszeit

Der Prophet Amos, dessen Name „(Last-)Träger“ bedeutet, stammte aus Tekoa, einer Stadt in Juda, südlich von Jerusalem. Er war Hirte und Landmann (Amos 1, 1; 7, 14). In seiner Redeweise kommt die Bekanntschaft mit dem bäuerlichen Leben mehrfach zum Ausdruck (Amos 2, 13; 3, 12; 4, 9; 5, 8; 6, 12; 7, 1–2). Amos wirkte nach seiner eigenen Angabe in der Zeit der Könige Ussija von Juda (791–740 v. Chr.) und Jerobeam II. von Israel (793–753 v. Chr.). Die Zeit der Alleinherrschaft dieser beiden Könige überschnitt sich von 767–753 v. Chr., so daß die Wirkungszeit des Propheten Amos wohl hauptsächlich in diesem Zeitabschnitt zu suchen ist.

Das Königreich Israel war bereits seit 170 Jahren in zwei Teile gespalten. Jerobeam I. hatte einen eigenen Gottesdienst mit der Anbetung von zwei Kälbern in Dan und Bethel eingeführt (1. Kön 12, 25–33). Auch der Baals-Götzendienst war im Nordreich verbreitet. Äußerlich blühte dieses Reich jedoch unter Jerobeam II. wie nie zuvor. In dieser Zeit, ca 30–40 Jahre vor der Wegführung der 10 Stämme in die assyrische Gefangenschaft, kam Amos nach Bethel und sprach dort seine ernsten Warnungen und Weissagungen aus. Aber der Priester Amazja schwärzte ihn beim König an und legte ihm nahe, wieder nach Juda zurückzukehren (Amos 7, 10–13).

Amos war ein Zeitgenosse Hoseas. Während dieser nur über Israel weissagte, sprach Amos auch Prophezeiungen über die Nachbarvölker Israels aus.

Zwei Zitate aus dem Buch Amos finden sich in der Apostelgeschichte: Amos 5, 25–27 in Apostelgeschichte 7, 42–43 und Amos 9, 11 in Apostelgeschichte 15, 16.

2. Zweck der Niederschrift

Die Worte des Propheten Amos offenbaren die Barmherzigkeit Jehovas gegenüber einem unwürdigen Volk. Die Könige und Bewohner des Nordreiches hatten sich von Ihm abgewandt und konnten somit keinen Anspruch mehr auf Seine Verheißungen haben. Aber sie meinten dennoch, daß sie kein Unglück treffen könne, da sie ja das Volk Gottes seien. Innerlich waren sie jedoch weit von Jehova entfernt. Selbstsucht, Prunksucht, Unsittlichkeit und Bedrückung der Armen waren an der Tagesordnung. Gerechtigkeit galt nichts mehr. In dieser Situation kommt Amos mit der Warnung vor dem bevorstehenden Strafgericht Gottes.

Zwar nennt er die Assyrer nicht namentlich, aber die Wegführung unter Salmaneser im Jahre 722 v. Chr. sagt er deutlich voraus (Amos 5, 5.27; 6, 7.9; 7, 17). Außer den ernsten Warnungen spricht Amos jedoch auch von der herrlichen Zukunft des Volkes unter dem Messias, dem Sohne Davids, im Friedensreich (Amos 9, 11–15). So bezeugt er die Treue Jehovas, die sich am Ende der Tage an Seinem wiederhergestellten Bundesvolk erweisen wird (Amos 9, 14).

Die Botschaft Amos' betrifft in der Hauptsache Israel (das Nordreich); aber auch Juda (das Südreich) wird erwähnt, und außerdem die Nachbarvölker Israels, ihre Feinde.

Die beiden ersten Kapitel bilden die Einleitung zu dem ganzen Buch. Die bevorstehenden Strafgerichte Gottes über dic Nachbarvölker sowie über Israel und Juda werden angekündigt. Dann folgen in Kapitel 3–6 drei Ansprachen an das Volk, die jeweils mit den Worten: „Höret dieses Wort“ beginnen; daran schließt sich eine vierte mit dem Einleitungswort: „Wehe“ an. Ab Kapitel 7 werden fünf Visionen (Gesichte) des Propheten Amos beschrieben und schließlich die Wiederherstellung des irdischen Volkes Gottes und die Segnungen des Friedensreiches.

3. Inhaltsübersicht

I. Amos 1–2:	*Gerichtsankündigungen über die Nachbarvölker sowie über Juda und Israel*
Kapitel 1	Damaskus, Gasa, Tyrus, Edom und Ammon
Kapitel 2	Moab, Juda und Israel
II. Amos 3–6:	*Strafgerichte über ganz Israel*
Kapitel 3	Erster Aufruf: Gottes Gnade und Gericht
Kapitel 4	Zweiter Aufruf: Gottes Züchtigung nicht erkannt
Kapitel 5	Dritter Aufruf: Aufforderung zur Buße
Kapitel 6	Vierter Aufruf: Wehe über Israel
III. Amos 7,1–9,10:	*Fünf Visionen über Israel*
Kapitel 7	Heuschrecken, Feuer und Senkblei
Kapitel 8	Der Obstkorb: Israel ist reif zum Gericht
Kapitel 9,1 – 10	Gott am Altar: das vergehende Reich
IV. Amos 9,11–15	*Schluß: Das kommende Friedensreich*

Der Prophet Obadja

1 Kapitel

1. Verfasser und Entstehungszeit

Das Buch des Propheten Obadja ist mit 21 Versen das kürzeste Buch des AT. Von seinem Verfasser wissen wir nichts außer seinem Namen, der die Bedeutung „Knecht (oder Anbeter) Jehovas" hat. Mehr als zehn Personen des AT tragen ebenfalls diesen Namen, aber der Prophet ist mit keiner von diesen identisch. Diese Tatsache macht die Datierung des Buches schwierig. Die Ansichten der Forscher über die Entstehungszeit des Buches Obadja gehen daher auch weit auseinander.

Viele setzen Obadja in die Zeit des Königs Joram von Juda (848–841 v. Chr.), unter dessen Regierung die Edomiter sich von dem Joch des Reiches Juda befreiten (2. Chr 21, 8–10). Obadja wäre in diesem Falle der erste schreibende Prophet im Volke Israel gewesen. Andere Forscher meinen jedoch, daß Obadja zur Zeit der Zerstörung Jerusalems im Jahre 586 v. Chr. oder noch später gelebt und gewirkt habe, da er offensichtlich dieses Ereignis gekannt habe.

Wie dem auch sei, der Platz des Propheten Obadja im Kanon des hebräischen AT und der Bibel ist seit alters her gesichert und unbestritten.

2. Zweck der Niederschrift

Das einzige Thema dieses kurzen prophetischen Buches ist das Volk Edom, dessen Haß gegen Israel zu seiner endgültigen Ausrottung führen wird. Edom ist der Name der Nachkommen Esaus. Das Wohngebiet des Volkes Edom war das Gebirge Seir südlich des Toten Meeres bis zum Golf von Akaba (1. Mo 36, 8–9). Esau war der Zwillingsbruder Jakobs. Schon vor ihrer Geburt kündigte Gott an, daß der ältere Esau dem jüngeren Jakob dienen würde (1. Mo 25, 23). Aus der Verachtung seines Erstgeburtsrechtes entsprang dann der Haß Esaus gegen Jakob (1. Mo 27).

Ungefähr 300 Jahre später, als die Israeliten sich auf ihrem Zuge von Ägypten nach Kanaan befanden, ließen die Edomiter sie nicht durch ihr Gebiet ziehen (4. Mo 20, 14–21). Wiederum 400 Jahre später wurden die Edomiter von dem König David unterworfen (2. Sam 8, 13–14). Während der Regierungszeit Jorams befreiten die Edomiter sich jedoch von der Herrschaft Judas (2. Kön 8, 20). Weitere Kämpfe zwischen Edom und Juda gab es unter der Regierung Josaphats, Amazjas und Ahas' (2. Chr 20, 10; 25, 11; 28, 17). Edom frohlockte bei der Zerstörung Jerusalems im Jahre 586 v. Chr. (Ps 137, 7; Klgl 4, 21). Wenige Jahre danach wurde Edom selbst von den Babyloniern verwüstet. Danach entstand dort das nabatäische Reich. In der Makkabäerzeit wurde Edom von Johannes Hyrkanus dem jüdischen Staat einverleibt. Als die Römer Judäa eroberten, erlangte die idumäische (edomitische) Familie Herodes' die Königswürde. Seit der Zerstörung Jerusalems im Jahre 70 n. Chr. verschwanden die Edomiter aus der Geschichte.

In der Endzeit wird Edom jedoch wieder in Erscheinung treten. Das Volk, das von ungerichtetem Bruderhaß gegen Israel wegen der von Gott geschenkten Segnungen gekennzeichnet ist, wird dem Ansturm des kommenden Königs des Nordens entfliehen (Dan 11, 41), aber nur, um danach von Gott selbst gestraft zu werden (Jes 34, 5–8; Jer 49, 7–22). Das Werkzeug dieser Strafe Gottes wird Sein Volk Israel sein (Jes 11, 13–14; Hes 25, 12–14), und zwar am Anfang des Tausendjährigen Reiches, wenn der Herr Jesus als Messias bereits erschienen ist (Jes 63, 1–5; Hes 35, 1–15).

Obadja beschreibt in seiner kurzen Weissagung über Edom die Androhung dieses endgültigen Strafgerichts und die Gründe dafür. Aber zugleich teilt er mit, daß der Tag Jehovas ein Tag des allgemeinen Gerichts über die Völker und eine Zeit der Wiederherstellung des Volkes Israel sein wird.

3. Inhaltsübersicht

I. Obadja 1–9: *Die zukünftige Vernichtung Edoms*

II. Obadja 10–14: *Die Gründe für das Strafgericht*

III. Obadja 15–21: *Der Tag Jehovas und Israels Errettung*

Der Prophet Jona

4 Kapitel

1. Verfasser und Entstehungszeit

Der Prophet Jona (auf deutsch: „Taube“) wird bereits in 2. Kön 14, 25 erwähnt. Er war der Sohn Amittais und stammte aus Gath-Hepher in Galiläa, nördlich von Nazareth. Wir lesen dort auch, daß er ein Knecht Gottes und ein Prophet war, der vorausgesagt hatte, daß die Grenzen Israels von Hamath in Syrien bis zum Toten Meer wieder gesichert werden würden. Dies geschah zur Zeit Jerobeams II. (793–753 v. Chr.). Jona hat also entweder zur Zeit Jerobeams II. oder kurz davor gewirkt. Er war somit einer der ersten schreibenden Propheten nach Joel und neben Hosea und Amos.

Zur Zeit Jonas war Assyrien das mächtigste Reich im Nahen Osten. Die Hauptstadt des assyrischen Reiches war das alte, bereits von Nimrod gegründete Ninive, das in 1. Mose 10, 11–12 zusammen mit den umliegenden Orten Rechoboth-Ir, Resen und Kalach als einzige Stadt in der Bibel „die große Stadt“ genannt wird. Möglicherweise ist derselbe Ausdruck in Jona 1, 2 auch so zu verstehen. In diesem Fall bieten die drei Tagereisen in Jona 3, 3 keine Schwierigkeit.

2. Zweck der Niederschrift

Jona erhielt von Jehova den Auftrag, der heidnischen, gottlosen und feindlichen Stadt Gottes Gerichtsurteil anzukündigen. Aber er wehrte sich innerlich dagegen, daß Jehova außer zu Israel auch zu den verachteten Nationen reden wollte. Deshalb floh er nach Tarsis. Aber Gott holte ihn ein. Er sandte einen Sturm, der das Schiff, auf dem Jona sich befand, in Seenot geraten ließ. Er ließ auch das Los auf Jona fallen, worauf dieser von den Seeleuten ins Meer geworfen wurde, und schließlich bestellte Jehova einen großen Fisch, in dessen Bauch Jona drei Tage und drei Nächte verbringen mußte, bis er wieder auf Gottes Befehl ans Land ausgespieen wurde.

Nun erst war Jona bereit, den Auftrag Gottes auszuführen und in Ninive die Botschaft zu verkünden: „Noch vierzig Tage, so ist Ninive umgekehrt!“ Aber als die Niniviten auf seine Predigt Buße taten und Gott das angedrohte Strafgericht aufhob, kam wieder die Überheblichkeit des Israeliten und der Verdruß über die Gnade Gottes gegenüber den Heiden bei Jona zum Vorschein. Nun mußte er noch lernen, daß er es selbst zwar dankbar annahm, wenn Gott ihm einen Beweis Seiner Güte für sein leibliches Wohlbefinden schenkte, aber kein Verständnis zeigte, wenn Gott diesen ungläubigen Menschen Barmherzigkeit für ihre Seelen schenken wollte.

Daß Jona ein Prophet war, wird bereits in 2. Könige 14, 15 mitgeteilt. Aber sein Dienst richtete sich im Unterschied zu allen anderen Propheten des AT nicht an das Volk Israel, sondern an die heidnischen Einwohner von Ninive. Die einzige prophetische Botschaft, die Jona hier verkündete, war die Ankündigung des Gerichts über Ninive (Jona 1, 2; 3, 2.4). Jona ist somit der einzige Prophet des AT, der Gottes Gnade den Heiden offenbarte.

Die Erlebnisse und Erfahrungen des Propheten bilden den Hauptinhalt und -zweck des Buches Jona. Die prophetische Bedeutung dieses Buches liegt nicht nur in der kurzen Predigt in Ninive, sondern in der ganzen hier beschriebenen Geschichte Jonas. Manche Kritiker wollen zwar das Buch aufgrund der darin beschriebenen Wunder (besonders das Auftauchen des großen Fisches, der Jona verschlang) zu einer Allegorie, einem Gleichnis oder einer Legende herabsetzen. Aber der Herr Jesus bezeugt im NT selbst deutlich die Geschichtlichkeit des Propheten Jona und seiner Erlebnisse. Er weist auch auf zwei der Bedeutungen dieses Buches hin.

Das Buch Jona ist erstens ein Beweis für die unumschränkte Gnade und Barmherzigkeit Gottes, nicht nur für Sein eigenes irdisches Volk Israel, sondern auch für die gottlose heidnische Stadt Ninive.

Es zeigt, daß Gott diesen Menschen die Buße zum Leben geschenkt hat. Das war für Israel beziehungsweise für die Juden schwer zu verstehen, denn sie betrachteten sich allein als Gottes auserwähltes Volk (vgl. Mt 12, 41; 16, 4; Lk 11, 29–32; Apg 10–11).

Zweitens enthält das Buch Jona eine typologische Darstellung der Geschichte des Volkes Israel. Wie Jona hat Israel als Zeuge für Gott versagt und befand sich lange in dem Völkermeer, das heißt in der Zerstreuung. Aber es wurde, wie Jona, auf wunderbare Weise von Gott erhalten und wird in der Endzeit wieder Gottes Zeuge für die Nationen sein. Das Evangelium des Reiches wird einmal von bekehrten Juden auf der ganzen Erde verkündigt werden.

Drittens ist Jona ein Typus Christi. In Matthäus 12,39–40 kündigt der Herr Jesus den Schriftgelehrten und Pharisäern an, daß ihnen kein anderes Zeichen als das Zeichen Jonas gegeben werden würde: „Denn gleichwie Jonas drei Tage und drei Nächte in dem Bauche des großen Fisches war, also wird der Sohn des Menschen drei Tage und drei Nächte in dem Herzen der Erde sein." Auch die Hinwendung des Herrn zu den Nationen (Mt 28, 19; Mk 16, 15; Lk 24, 47) war ein Zeichen für Israel (Lk 11, 30).

Viertens zeigt Jona schließlich den Charakter des menschlichen Herzens, das sich auch bei Gläubigen dem Willen Gottes oft so ungern unterwirft, auf seine eigene Ehre bedacht ist, das eigene Wohlergehen über alles andere stellt und gegenüber anderen Menschen so hart wie Stein sein kann. Sogar die Wahrheit Gottes gefällt dem menschlichen Herzen oft nur, solange die eigene Wichtigkeit dadurch hervorgehoben wird! Alles dies mußte Jona erkennen. Dieses kleine Buch enthält also auch ganz praktische Lektionen für jeden Leser.

3. Besonderheiten

a) Die Wunder Gottes

Das Buch Jona ist ein Buch der Wunder. Teilweise sehen sie aus wie Zufälle, aber hinter allem ist die Hand Gottes zu erkennen.

- Jehova rief den Sturm (Jona 1, 4)
- Jehova ließ das Los auf Jona fallen (Jona 1, 7)
- Jehova bestellte einen großen Fisch (Jona 2, 1)
- Jehova ließ den Fisch Jona ans Land ausspeien (Jona 2, 11)
- Jehova bestellte den Wunderbaum (Jona 4, 6)
- Gott bestellte einen Wurm, der den Baum verdorren ließ (Jona 4, 7)
- Gott bestellte einen schwülen Ostwind (Jona 4, 8).

Besonders der große Fisch und die Bekehrung der Niniviten sind oft angezweifelt worden. Aber der Herr Jesus bestätigt beide Ereignisse als historisch (Mt 12, 40–41).

b) Jonas Bußpsalm

Die Ähnlichkeit des zweiten Kapitels des Buches Jona mit verschiedenen Psalmen ist sehr auffallend. Nachstehend einige der Parallelen:

Jona 2,3	Psalm 18,6; 120,1
Jona 2,4	Psalm 88,6; 42,7b
Jona 2,5	Psalm 31,22; 5,7b
Jona 2,6	Psalm 69,1b
Jona 2,7	Psalm 30,3b
Jona 2,8	Psalm 143,4
Jona 2,9	Psalm 31,6
Jona 2,10	Psalm 3,8; 26,7; 116,17–18

4. Inhaltsübersicht

I. Jona 1:	*Jona flieht vor Gott*
II. Jona 2:	*Jona betet zu Gott*
III. Jona 3:	*Gottes erneuter Auftrag*
IV. Jona 4:	*Jonas Klage und Gottes Gnade*

Der Prophet Micha

7 Kapitel

1. Verfasser und Entstehungszeit

Der Name des Propheten Micha ist wohl eine Abkürzung von Michaja: „Wer ist wie Jehova?“. Seine Heimat war Moreschet-Gat, ca. 30 km südwestlich von Jerusalem an der Grenze zum Gebiet der Philister.

Micha lebte und wirkte unter den Königen Jotham, Ahas und Hiskia, das heißt ca. 750–700 v. Chr. Er war also ein Zeitgenosse der Propheten Jesaja, Hosea und Amos. In dieser Zeit erfolgte von außen der Angriff der Assyrer auf das Nordreich, das 722 v. Chr. geschlagen wurde und in die Assyrische Gefangenschaft geriet (siehe Micha 1 und 5, 4ff). Im Inneren waren formaler Gottesdienst ohne wahre Gottesfurcht, Götzendienst und Unterdrückung der einfachen Leute durch die Führungsschicht die Probleme, die Micha beschäftigten.

Als Jeremia ca. 100 Jahre später dem Königreich Juda die Babylonische Gefangenschaft ankündigte, erinnerten sich die Ältesten des Volkes an die Weissagung zur Zeit des Königs Hiskia in Micha 3, 12 (s. Jeremia 26, 18). Das ist ein Beweis dafür, daß die durch den Heiligen Geist inspirierten Schriften des AT sogleich vom Volke Gottes als solche anerkannt und geachtet wurden (vgl. auch Dan 9, 2 und Esra 1, 1; dasselbe gilt auch für die Schriften des NT: s. 1. Tim 5, 18 – ein Zitat aus dem Lukas-Evangelium – und 2. Pet 3, 15).

Auch die Schriftgelehrten zur Zeit des NT kannten die Weissagungen Michas und bezogen Micha 5, 1 richtig auf den Geburtsort des Messias, des Königs Israels. Als die Magier aus dem Osten nach Jerusalem kamen, um den Herrn Jesus anzubeten, wurden sie aufgrund von Micha 5, 1 nach Bethlehem gesandt.

Die Worte des Herrn Jesus selbst in Matthäus 10, 35–36 haben eine so große Ähnlichkeit mit Micha 7, 6, daß man wohl den Schluß ziehen darf, daß Er an diesen Propheten des AT dachte, als Er die Worte sprach, wenn Er sie auch nicht als Anführung kenntlich machte (z. B. „wie geschrieben steht").

2. Zweck der Niederschrift

Das Buch Micha besteht aus drei ernsten prophetischen Reden, die jeweils mit der Aufforderung „Höret" beginnen.

Der erste Teil (Micha 1–2) beginnt mit dem Ruf: „Höret, ihr Völker alle, merke auf, du Erde und ihre Fülle!" Dann folgt die Ankündigung des Strafgerichts Gottes über Samaria, die Hauptstadt des Nordreiches, und über Jerusalem, die Hauptstadt Judas, wegen ihrer Übertretungen und Ungerechtigkeiten sowie wegen ihres Götzendienstes, da sie die ernsten Warnungen Gottes verworfen hatten. Deshalb ist das ganze Land verunreinigt und nicht mehr der Ruheort für Gottes Volk. Die Bewohner werden daraus vertrieben, aber in der Endzeit wieder gesammelt werden.

Die zweite Botschaft Michas (Micha 3–5) beginnt mit den Worten: „Höret doch, ihr Häupter Jakobs und ihr Fürsten des Hauses Israel". Die Führer und Propheten des Volkes werden sehr ernst getadelt, aber danach folgt eine Beschreibung der zukünftigen Herrlichkeit Israels im Friedensreich. In diesem Abschnitt wird Bethlehem als der Geburtsort des Messias angekündigt (Micha 5, 1), der in der Endzeit beim Angriff des Assyrers der starke Helfer des Volkes Israel sein wird.

Am Anfang des dritten Teils (Micha 6–7) steht der Ruf: „Höret doch, was Jehova sagt". Dann folgt eine Erinnerung an die Liebe Gottes zu Seinem Volk, aber auch an Seine rechtmäßigen Forderungen. Die Erwähnung des gerechten Gerichtes Gottes, die Klage und der hoffnungsvolle Ausblick des Propheten beschließen dieses kurze Buch. Die letzten drei Verse gehören zu den schönsten der Bibel.

Abwechselnd kündigt Micha also in seinem Buch Gericht (Micha 1–3; 6,1 – 7,6) und Gnade (Micha 4–5; 7,7–20) für Israel an. Der Inhalt seiner Botschaft stimmt in vielem mit der seines Zeitgenossen Jesaja überein.

3. Besonderheiten

a) Die beiden Propheten mit Namen Micha

Bereits in 1. Könige 22 (und 2. Chr 18) wird ein Prophet namens Micha erwähnt, der zur Zeit Ahabs im Nordreich Israel wirkte. Er warnte Ahab und Josaphat vor dem Krieg gegen Syrien, wurde aber nicht ernstgenommen. Es ist sehr auffallend, daß die letzten Worte dieses Propheten Micha wörtlich übereinstimmen mit den ersten Worten Michas, des Moraschtiters: „Höret (es), ihr Völker alle“ (hebräisch: *schim'u 'ammim kullam*; vgl. 1. Könige 22, 28; 2. Chronika 18, 27 mit Micha 1, 2). Der zweite Prophet Micha fängt also dort an, wo der erste aufhört.

b) Micha und Jesaja

In den Büchern der beiden Propheten Micha und Jesaja gibt es auffallend viele Parallelen. Sie unterstreichen die Tatsache, daß beide bei aller Verschiedenheit doch zur gleichen Zeit denselben Auftrag von Gott hatten: das Volk Gottes zu warnen und das Strafgericht, aber auch die Barmherzigkeit Gottes und den Messias anzukündigen. Nachstehend die hauptsächlichen Parallelen:

Micha	Jesaja	Micha	Jesaja
1,2	1,2	4, 1–3	2, 2–4
1,3	26, 21	4, 7b	9, 7b
1, 9–16	10, 28–32	4, 10	39, 6
2, 1–2	5, 8	5, 5	14, 25
2, 6.11	30, 10–11	6, 7	1, 11
2, 12	10, 20–23	7, 2	57, 1
3, 5–7	29, 9–12	7, 7	8, 17
3, 8	58, 1	7, 12	19, 23–25
3, 12	32, 13–14		

4. Inhaltsübersicht

I. Micha 1–2:	*Das drohende Strafgericht Gottes*
Kapitel 1	Das kommende Gericht
Kapitel 2	Die Schuld und die Strafe Israels
II. Micha 3–5:	*Gericht und Wiederherstellung Israels*
Kapitel 3	Anklage gegen die Führer des Volkes
Kapitel 4	Zukünftige Herrlichkeit und endgültiger Sieg
Kapitel 5	Der Messias und Sein Volk
III. Micha 6–7:	*Gottes Weg zur Rettung*
Kapitel 6	Appell an das Herz des Volkes
Kapitel 7	Erfüllung der Verheißung Gottes für den Überrest

Der Prophet Nahum

3 Kapitel

1. Verfasser und Entstehungszeit

Nur weniges wissen wir über Nahum, den siebten der zwölf kleinen Propheten, dessen Name „Trost" oder „Tröster" bedeutet. Nicht einmal sein Herkunftsort Elkosch ist genau bekannt. Einige Forscher nehmen an, es handle sich um das Dorf Alkusch am Tigris nahe bei Mossul, andere vermuten einen Ort in Galiläa nahe bei Kapernaum, wieder andere denken an Kapernaum selbst (*Kephar-Nahum* = „Dorf Nahums"), und schließlich glauben einige, es handle sich um ein Dorf in Judäa, wie es auch von den Kirchenvätern bezeugt wird. Die Tatsachen, daß das Zehnstämmereich, in dem Galiläa lag, zur Zeit Nahums bereits in der assyrischen Gefangenschaft war und daß Nahum sich direkt an das Königreich Juda wendet (Nah 1, 15b), sprechen für die zuletzt erwähnte Möglichkeit.

Genaue oder ungefähre Zeitangaben, wie bei manchen anderen prophetischen Büchern, fehlen im Buche Nahum. In Nahum 3, 8–10 wird jedoch die Zerstörung von No-Amon (Theben), der Hauptstadt Oberägyptens, erwähnt. Dies geschah im Jahre 663 v. Chr. durch den Assyrerkönig Assurbanipal. Die Zerstörung Ninives durch die Meder unter Kyaxares und die Babylonier unter Nabopolassar erfolgte im Jahre 612 v. Chr. Zwischen diesen beiden Ereignissen liegt die Wirkungszeit Nahums.

Nahum wird in der Bibel sonst nirgends erwähnt. In Römer 10, 15 findet sich jedoch das schöne Wort: „Wie lieblich sind die Füße derer, welche das Evangelium des Friedens verkündigen, welche das Evangelium des Guten verkündigen", das die sehr ähnlichen Ausdrücke in Jesaja 52, 7 und Nahum 1, 15 verbindend wiedergibt.

2. Zweck der Niederschrift

Das Thema der Weissagung Nahums ist das Strafgericht über Ninive. So war es auch bei Jona, der ungefähr 150 Jahre vor Nahum wirkte. Aber während im Buche Jona die Barmherzigkeit Jehovas triumphiert, verkündigt Nahum nur den gerechten Zorn Gottes und das unabänderliche Verderben dieser gottlosen Stadt. Nahums Blick ist nur auf diesen Feind des Volkes Gottes gerichtet; es ist auffallend, daß die Sünden Israels und Judas mit keinem Wort erwähnt werden. Ja, während den Feinden der heilige und gerechte Zorn Gottes angekündigt wird, darf Gottes Volk trostreiche Worte vernehmen (Nah 1, 12–15). In dem psalmartigen Kapitel 1 sehen wir Gott als den Eifernden und Rächenden in Seiner Majestät; in den beiden weiteren Kapiteln werden der Fall und die Zerstörung Ninives bis hin zu Einzelheiten genau vorhergesagt.

Wie die meisten prophetischen Bücher ist auch das Buch Nahum im Hebräischen in Gedichtform geschrieben, die bei der Übersetzung allerdings verlorengeht. In Kapitel 1, 2–8 glauben einige Forscher, in den teilweise dem hebräischen Alphabet folgenden Versanfängen die Stilform des Akrostichons entdecken zu können, von anderen wird dies bezweifelt. Allgemein ist die kraftvolle, bilderreiche Sprache hervorzuheben, die Veranlassung war, Nahum einen „Klassiker der hebräischen Poesien zu nennen (siehe hierzu Seite 120: „Die hebräische Dichtkunst“).

3. Besonderheiten

Ninive und Assyrien

Ninive war die Hauptstadt des assyrischen Reiches. Ihr Gründer war Nimrod, der kurz nach der Sintflut lebte (1. Mo 10, 11–12). Von Anfang an bestand eine Rivalität zwischen Assyrien und Babylon. Babylon ist das Bild weltlicher Macht in religiösem Gewande. Assyrien ist ein Bild der hochmütigen, grausamen, sich selbst verherrlichenden Welt, die nur ihre eigene Wichtigkeit kennt.

Ninive erlangte seine große Bedeutung um 900 v. Chr. Um 843 v. Chr. schlug Salmanassar III. von Assyrien den König Ahab von Israel in der Schlacht von Karkar. Nach einer Inschrift auf dem „schwarzen Obelisken" Salmanassars soll ihm auch Jehu tributpflichtig gewesen sein. Die Heilige Schrift sagt hierüber jedoch nichts. Um das Jahr 800 v. Chr. wurde Jona nach Ninive gesandt, um es von seinen grausamen Wegen abzuwenden. 734 v. Chr. wurden die zweieinhalb Stämme Ruben, Gad und Manasse, die östlich des Jordans siedelten, von Tiglath-Pileser deportiert, und 722 v. Chr. unter Salmanassar und Sargon wurde das ganze Nordreich Israels in die assyrische Gefangenschaft geführt (2. Kön 17). Sanherib griff das Reich Juda zur Zeit Hiskias um 701 v. Chr. an, mußte aber unverrichteter Dinge wieder abziehen. Nach dem Tode Assurbanipals, der im Jahre 663 v. Chr. Theben in Ägypten erobert hatte, verfiel die Macht Assyriens und Ninives zusehends. Die große Stadt wurde schließlich 612 v. Chr. von den Medern unter Kyaxares und den Babyloniern unter Führung Nabopolassars erobert und vollständig zerstört. Erst im vorigen Jahrhundert wurden die Ruinen Ninives mit ihren gewaltigen Bauten, Skulpturen und der Bibliothek Assurbanipals mit über 20000 Tontafeln wieder ausgegraben.

Assyrien wurde von Gott als Zuchtrute benutzt, um Sein schuldiges Volk Israel zu strafen, aber schließlich mußte dieses Werkzeug selbst wegen seines Hochmuts und seiner Bosheit bestraft werden (s. Jes 10, 5–19; Hes 31, 3–17; Zeph 2, 13). Einige Passagen über Assyrien sind sicher noch zukünftig. Der Assyrerkönig wird in der Endzeit wieder gegen Israel und Ägypten heraufziehen und in Palästina sein Ende finden. Bemerkenswert ist jedoch, daß nach Jesaja 19, 23–25 das Land Assyrien zusammen mit Ägypten und Israel die Segnungen des Tausendjährigen Reiches teilen wird, allerdings ohne seine zerstörte gottlose Hauptstadt Ninive.

4. Inhaltsübersicht

I. Nahum 1: Die Ankündigung des Strafgerichts: Gott ist gerecht

II. Nahum 2: Die Ausführung des Strafgerichts: Zerstörung Ninives

III. Nahum 3: Die Ursache des Strafgerichts: die Schuld Ninives

Der Prophet Habakuk

3 Kapitel

1. Verfasser und Entstehungszeit

Habakuk, Obadja und Maleachi sind die einzigen der kleinen Propheten, von denen wir außer ihren Namen keinerlei weitere Angaben besitzen. Habakuk gehört jedoch mit Sacharja und Haggai zu den einzigen Schriftpropheten, die sich selbst „Prophet“ nennen (Hab 1, 1). Sein Name wird von einigen mit einem assyrischen Pflanzennamen in Verbindung gebracht. Bereits seit dem Kirchenvater Hieronymus, der die Bibel in die lateinische Sprache übersetzte, wird der Name Habakuk auch als „Umarmung“ oder „Umarmer“ verstanden. Luthers Erklärung dieser Bedeutung ist erwähnenswert: „Habakuk aber hat einen rechten Namen zu seinem Amt. Denn Habakuk heißt auf deutsch ‚Herzer‘ oder der sich mit einem anderen herzt und in die Arme nimmt. Er tut auch also mit seiner Weissagung, daß er sein Volk herzt und in die Arme nimmt, das ist, er tröstet sie und hält sie auf, wie man ein arm weinend Kind oder Mensch herzt, daß es schweigen und zufrieden sein solle, weil es, wenn Gott es will, soll besser werden“ (M. Luthers Vorrede auf den Propheten Habakuk).

Das psalmenartige Gebet Habakuks in Kapitel 3 mit seiner Überschrift und seinem Schlußsatz (vgl. dazu die Überschriften in Psalm 7 und Psalm 4) hat zu der Vermutung geführt, daß Habakuk ein Levit im Tempeldienst gewesen sei.

Der wichtigste Hinweis auf die Wirkungszeit Habakuks und die Abfassung seines Buches befindet sich in Kapitel 1, 6: „Denn siehe, ich erwecke die Chaldäer, das grimmige und ungestüme Volk“. Verschiedene Kritiker des ganzen Buches Habakuk haben zwar auch den Namen „Chaldäer“ umdeuten wollen; aber es besteht kein Grund zum Zweifel daran, daß die Chaldäer mit den

Babyloniern gleichzusetzen sind. In 2. Könige 25, 1 wird Nebukadnezar der König von Babel genannt, und in Vers 4 tragen seine Soldaten die Bezeichnung „Chaldäer“ (vgl. Jes 13, 19; Hes 12, 13).

Seit dem Jahre 625 hatte sich nämlich das neubabylonische Reich unter Nabopolassar (625–405 v. Chr.) ständig ausgedehnt. Im Jahre 612 v. Chr. wurde Ninive, die Hauptstadt des bereits schwächer gewordenen assyrischen Reiches, erobert (siehe die Ausführungen zu dem Propheten Nahum), und im Jahre 605 fand die Schlacht bei Karkemisch statt, in der die Babylonier die Ägypter besiegten (vgl. Jer 46, 2). Damit stand den Babyloniern der ganze Nahe Osten offen. Ihr grausamer Ruf war überall bekannt. Kurz danach überfiel Nebukadnezar das Reich Juda (605 v. Chr.). Bei der sich anschließenden ersten Wegführung der Juden nach Babylon wurden die Vornehmsten des Volkes deportiert (2. Kön 20, 18; 24, 14; Dan 1, 3), also gerade diejenigen, die die unteren Volksschichten bedrückt hatten (Hab 1, 2–4). Dem ersten Angriff der Babylonier folgten noch zwei weitere in den Jahren 597 und 586 v. Chr., die zu der Zerstörung Jerusalems und der Babylonischen Gefangenschaft Judas führten. Alles dies stand jedoch bei der Abfassung des Buches Habakuk noch bevor. Obwohl es keine Zeitangaben enthält, läßt sich seine Abfassung doch mit ziemlicher Sicherheit auf die Zeit zwischen der Zerstörung Ninives und dem ersten Angriff auf Juda festlegen, das heißt zwischen 612 u. 605 v. Chr.

Habakuk war also ein Zeitgenosse Jeremias, mit dem er auch manche Ähnlichkeit aufweist, zum Beispiel durch sein empfindsames Wesen und seine Trauer über den Zustand des Volkes Gottes.

2. Zweck der Niederschrift

Habakuk, der achte der kleinen Propheten, nimmt eine Sonderstellung ein. Er spricht nämlich nicht wie die übrigen Propheten im Auftrage Gottes zu den Menschen, sondern er redet über sein Volk und dessen Feinde, die Chaldäer, zu Gott. Zusammen bilden Habakuks Fragen und Äußerungen sowie Gottes Antworten den prophetischen Ausspruch, der Herz und Gewissen des Volkes Gottes treffen sollte.

Das Herz des Propheten Habakuk ist sehr beschwert über die Ungerechtigkeit im Volke Gottes (Hab 1, 2–4). In Seiner Antwort, die direkt an das Volk ergeht, kündigt Gott den Angriff der Chaldäer als Strafgericht an (Hab 1, 5–11). Jetzt ist Habakuk noch weit mehr entsetzt darüber, daß Gott ein Volk, das ungerechter ist als die Juden, als Zuchtrute zu deren Bestrafung benutzt (Hab 1, 12–17).

In Kapitel 2 erhält Habakuk eine zweite Antwort Gottes, die ihm zeigt, daß Jehova den Stolz dieser bösen Nation Babels kennt und bestrafen wird, daß aber der Gerechte durch seinen Glauben an Jehova leben wird. Aus Kapitel 2, 3 geht hervor, daß diese Offenbarung mit ihrem fünfmaligen „Wehe" (Hab 2, 6–20) sich nicht nur auf den bevorstehenden Einfall der Chaldäer bezieht, sondern auch eine endzeitliche Dimension hat.

In Kapitel 3 triumphiert dann der Glaube Habakuks, wenn er sich an die Herrlichkeit und Macht Gottes zur Erlösung Seines Volkes Israel erinnert. In diesem Dankgebet und Lobgesang bringt Habakuk zum Ausdruck, daß er seine Freude und Kraft in Gott findet.

3. Besonderheiten

a) Zitate im Neuen Testament

Es scheint, daß der Apostel Paulus eine besondere Beziehung zu dem Propheten Habakuk gehabt hat. In Apostelgeschichte 13, 41 berichtet Lukas, daß Paulus zum Schluß seiner Predigt in der Synagoge zu Antiochien die ernste Mahnung aus Habakuk 1, 5 zitiert.

Besonders bemerkenswert ist es jedoch, daß der Apostel, der vom Heiligen Geist inspiriert wurde, im Brief an die Römer die herrliche Wahrheit von der Rechtfertigung aus Glauben niederzuschreiben, die Worte Habakuks: „Der Gerechte aber wird durch seinen Glauben leben" (Hab 2, 4) dreimal in seinen Briefen anführt. Jedesmal liegt die Betonung jedoch auf einem anderen Wort.

– Römer 1, 17:	„Der *Gerechte* aber wird aus Glauben leben" (das heißt, nur für den einmal Gerechtfertigten gibt es ein wahres Glaubensleben).
– Galater 3, 11:	„Der Gerechte wird aus *Glauben* leben" (nicht durch das Gesetz, durch das niemand gerechtfertigt werden kann).
– Hebräer 10, 38:	„Der Gerechte aber wird aus Glauben *leben*" (das heißt, nicht mit den Gottlosen ins Verderben gehen).

b) Der Habakuk-Kommentar vom Toten Meer

In den Berghöhlen von Qumran am Toten Meer wurden 1947 mehrere alte Schriftrollen gefunden, von denen viele die biblischen Texte des AT enthielten, die ca. 1000 bis 1200 Jahre älter waren als alle bis dahin bekannten hebräischen Handschriften. Unter anderem fand man in Höhle I den sogenannten „Habakuk-Kommentar" (1Qp Hab). Diese hebräische Handschrift wurde um 75 v. Chr. geschrieben und enthält die ersten beiden Kapitel des Buches Habakuk. Zu jedem Vers ist ein Kommentar angefügt, in dem die Ereignisse der Zeit des jüdischen Kommentators als Erfüllung der Weissagungen Habakuks erklärt werden.

4. Inhaltsübersicht

I. Habakuk 1–2: Habakuks Problem und Gottes Antwort

1. Kapitel 1,1–11	Erstes Zwiegespräch: Gott und die Sünde des Volkes
2. Kapitel 1,12–2,20	Zweites Zwiegespräch: Gott und die Sünde der Feinde

II. Habakuk 3: Habakuks Unterwerfung und Lobgesang

1. Kapitel 3,1–15	Gottes Strafgericht und Rettung
2. Kapitel 3,16–19	Habakuks Glaube

Der Prophet Zephanja

3 Kapitel

1. Verfasser und Entstehungszeit

Der Name Zephanja bedeutet: „Jehova hat beschützt (verborgen)“. Als einziger Prophet gibt er vier Generationen seiner Vorfahren an. Viele Forscher glauben, daß sein Vorvater Hiskija mit dem gleichnamigen König Hiskia von Juda (716–687 v. Chr.) identisch ist. Zephanja wirkte nach seiner eigenen Angabe in Kapitel 1, 1 zur Zeit des Königs Josia (640–609 v. Chr.). Die Zwischenzeit erscheint für vier Generationen zwar recht kurz, aber andererseits könnte die Besonderheit seiner königlichen Abstammung ein verständlicher Grund für diesen „Stammbaum“ sein, was von der jüdischen Überlieferung bestätigt wird.

Zephanja wohnte in der Hauptstadt Jerusalem (vergleiche Zephanja 1, 4.10.11.12) und hatte Zugang zum Königshof. Die Propheten Nahum, Habakuk und Jeremia waren seine Zeitgenossen.

Aus Zephanja 2, 13 kann man den Schluß ziehen, daß der Prophet vor dem Fall Ninives im Jahre 612 v. Chr. geweissagt hat. Viele Forscher glauben, daß Zephanjas Weissagung sogar noch vor der Reform des Königs Josia erfolgte. Diese Reform begann im 18. Jahre Josias, das heißt ca. 622 v. Chr. Diese Annahme wird durch Stellen wie Zephanja 1,4–6.8–9.12; 3,1–3.7 gestützt. Es ist möglich, daß Zephanja durch seinen Dienst der Urheber dieser Umkehr des Königs Josia und des Volkes der Juden gewesen ist (vgl. 2. Kön 22–23; 2. Chr 34–35). Bereits unter König Hiskia hatte eine Umkehr zu Jehova stattgefunden, aber durch die gottlose Regierung Manasses und Amons war alles Gute wieder verlorengegangen.

2. Zweck der Niederschrift

Zephanja ist ein Gerichtsprophet. Er weissagt von der bevorstehenden Verwüstung des Landes Juda und der Zerstörung Jerusalems wegen der Ungerechtigkeit, der Heuchelei und des Götzendienstes Judas (Kap. 1). Im Jahre 586 v. Chr. ging diese Weissagung in Erfüllung. Der treue Überrest des Volkes wird deshalb ermahnt, Jehova zu suchen, wenn die nahen und fernen Völker die Rache Jehovas verspüren werden (Kap. 2). Im Gegensatz zu dem jetzigen verdorbenen Zustand steht die zukünftige Segnung des Volkes, die in Kapitel 3 beschrieben wird.

Aus dem ganzen Buch Zephanja wird deutlich, daß der Prophet weit über die bevorstehende Zerstörung Jerusalems hinausblickt auf den furchtbaren Tag Jehovas, den Tag Seines Zornes und Gerichtes, dem dann jedoch der Segen des Tausendjährigen Friedensreiches folgen wird.

3. Besonderheiten

a) Der Tag Jehovas

Der Tag Jehovas wird im Buche Zephanja an folgenden Stellen erwähnt:

Kapitel 1, 7:	Der Tag Jehovas
Kapitel 1, 8:	Der Tag des Schlachtopfers Jehovas
Kapitel 1, 10:	Jener Tag
Kapitel 1, 14:	Der große Tag Jehovas
Kapitel 1, 15–16:	Der Tag des Grimmes, der Drangsal und der Bedrängnis …
Kapitel 1, 18:	Der Tag des Grimmes Jehovas
Kapitel 2, 2:	Der Tag des Zornes Jehovas
Kapitel 2, 3:	Der Tag des Zornes Jehovas
Kapitel 3, 8:	Der Tag, da ich mich aufmache zur Beute, spricht Jehova
Kapitel 3, 11:	Jener Tag
Kapitel 3, 16:	Jener Tag

Der Tag Jehovas spielt in der Prophetie Zephanjas eine besondere Rolle. Es ist nicht die Zeit der damals bevorstehenden Zerstörung Jerusalems, sondern die auch jetzt noch zukünftige Zeit der Herrschaft des Messias, die mit Seiner Erscheinung zum Strafgericht über die Völker beginnt und die daran anschließende Zeit des Tausendjährigen Friedensreiches umfaßt. Im NT wird diese Zeit der Tag des Herrn genannt (2. Thes 2, 1), der jedoch nicht zu verwechseln ist mit dem ersten Tag der Woche, der in Offenbarung 1, 10 „des Herrn Tag" (eigentlich der dem Herrn gehörige Tag) genannt wird. – Im AT wird der Tag Jehovas meistens unter dem Aspekt des Gerichtes geschildert (vergleiche den Abschnitt 3: „Besonderheiten" unter Joel, Seite 180).

b) Zephanja und die übrigen Propheten

Das Buch Zephanja weist besonders viele Ähnlichkeiten mit anderen prophetischen Büchern des AT auf. Darin zeigt sich die göttliche Harmonie in den Weissagungen so verschiedener Männer, die zu ganz verschiedenen Zeiten gelebt haben, aber doch immer das eine Ziel Gottes vorstellten: die Herrlichkeit des Messias und Seines irdischen Volkes Israel im Tausendjährigen Reich sowie die dahinführenden Ereignisse.

Nachstehend einige der Parallelen, denen sicher noch andere hinzugefügt werden können:

Zephanja 1, 7	– Jesaja 13, 6; 34, 6
Zephanja 1, 13	– Amos 5, 11
Zephanja 1, 14–16	– Joel 2, 1–2
Zephanja 1, 15	– Jesaja 22, 5
Zephanja 2, 13–15	– Jesaja 34, 13–15
Zephanja 3, 10	– Jesaja 18, 1. 7
Zephanja 3, 12	– Jesaja 14, 32
Zephanja 3, 19	– Micha 4, 6–7

Jeremia, der Zeitgenosse Zephanjas, beschreibt historisch und moralisch den Untergang Judas. Habakuk, der ebenfalls ein Zeitgenosse war, greift in seinem kurzen Buch mehr die moralische Betrachtungsweise Jeremias auf, während Zephanja in aller

Kürze die historischen Ereignisse des Falles von Juda und Jerusalem darstellt.

4. Inhaltsübersicht

I. Zephanja 1,1 – 2,3:	*Die bevorstehende Invasion: ein Bild des Tages Jehovas*
II. Zephanja 2,4–15:	*Strafgerichte über Judas Nachbarvölker*
III. Zephanja 3,1–20:	*Jerusalems gegenwärtige Sünde und zukünftiger Segen*

Der Prophet Haggai

2 Kapitel

1. Verfasser und Entstehungszeit

Mit Haggai beginnt die Reihe der drei nachexilischen Propheten. Haggai war ein Zeitgenosse Sacharjas. Sein Name bedeutet: „Mein(e) Fest(e)“ oder: „Festlich“. Über seine Person wird uns weiter nichts mitgeteilt. Aus Haggai 2, 3 haben manche den Schluß gezogen, daß Haggai noch den Tempel Salomos vor seiner Zerstörung im Jahre 586 v. Chr. gesehen habe. In diesem Falle wäre Haggai bei der Abfassung seines kurzen Buches weit über 70 Jahre alt gewesen.

Haggai war wohl mit dem ersten großen Zug der Juden im Jahre 537/536 v. Chr. aus der siebzigjährigen Babylonischen Gefangenschaft zurückgekehrt. Der König Cyrus (Kores) von Persien hatte 538/37 v. Chr. ein Edikt zur Rückkehr des jüdischen Volkes nach Palästina erlassen. 42 360 Juden machten von dieser Möglichkeit Gebrauch und begannen im Jahre 536, den zerstörten Tempel in Jerusalem wieder aufzubauen. Diese Ereignisse, die den geschichtlichen Hintergrund des Buches Haggai bilden, werden ausführlich im Buche Esra mitgeteilt. Dort erfahren wir auch, daß die Arbeit am Tempelbau ca. 14 Jahre unterbrochen, durch den Prophetendienst Haggais und Sacharjas im zweiten Regierungsjahre des Königs Darius wieder aufgenommen und im sechsten Jahre vollendet wurde (Esra 4, 24; 5, 1–2; 6, 14–15).

Der König Darius ist in der Geschichte als Darius I. (Darius der Große, Darius Hystaspes) bekannt. Er regierte 522–485 v. Chr. Das zweite Jahr des Darius ist demnach das Jahr 521/20 v. Chr. In diesem Jahr, und zwar in einem Zeitraum von fünf Monaten, fand der im Buche Haggai festgehaltene inspirierte Dienst des Propheten statt. Aus Esra 6, 14 kann man entnehmen, daß der mündliche Dienst Haggais wenigstens bis zur Einweihung des wiederhergestellten Tempels im Jahre 516 v. Chr. andauerte.

2. Zweck der Niederschrift

Der anfängliche Eifer der Juden beim Tempelbau erlahmte schon bald. Im Buch Esra wird beschrieben, wie der Widerstand der Feinde Judas dazu führte, daß die Hände des Volkes schlaff wurden und der Tempelbau ruhte (Esra 4, 24). Haggai teilt uns nun jedoch noch einen anderen Grund für die Unterbrechung des Wiederaufbaus mit: die Gleichgültigkeit der Juden gegenüber Gott und ihren Egoismus. Anstatt sich mit Eifer und Hingabe der Sache Gottes zu widmen, benutzten sie ihre Zeit und ihre Mittel dazu, für sich selbst zu sorgen und ihre eigenen Häuser prachtvoll auszustatten (Hag 1, 4. 9). Als Strafe dafür hatte Gott Seinem Volk durch Mißernten Mangel und Not geschickt (Hag 1,6.10–11; 2,16–17).

In diese Situation hinein sagt Haggai in sehr gedrängter Kürze die Aussprüche Jehovas der Heerscharen – 25mal heißt es in diesem kurzen Buch: „das Wort Jehovas“ oder: „(so) spricht Jehova“. Sein einziges Ziel dabei ist, die Herzen der Juden zu erreichen, damit sie ihrem Gott und Seiner Sache den ersten Platz in ihrem Leben einräumen. Das Buch Haggai hat daher auch für unsere Tage nichts an Aktualität eingebüßt!

In seiner ersten Botschaft am zweiten Tage des sechsten Monats muß Haggai den Juden ihre Gleichgültigkeit gegenüber Gott vorwerfen, um sie aus ihrer Lauheit aufzuschrecken. Tatsächlich wurden Serubbabel, der Statthalter, und Josua, der Hohepriester, wieder ermuntert, mit dem ganzen Überrest des Volkes Israel die Bauarbeit am Haus Gottes erneut aufzunehmen (Hag 1).

Die zweite Botschaft Gottes durch Haggai am einundzwanzigsten Tage des siebten Monats (Hag 2, 1–9) soll das Volk weiter ermutigen. Nun wird auch bereits der Blick auf die Endzeit, das heißt die Erscheinung des Messias, hingelenkt. Dieser Offenbarung Christi wird die Erschütterung von Himmel und Erde, das heißt die Umwälzung aller Verhältnisse, vorausgehen (vgl. Hag 2, 6–7 mit Heb 12, 26–28).

Die dritte Botschaft wird am vierundzwanzigsten Tage des neunten Monats gesprochen und enthält eine der deutlichsten Warnungen vor geistlicher Verunreinigung im AT. Aber auch hier folgt am Schluß eine Ermunterung (Hag 2, 10–19).

Am gleichen Tage folgt die vierte Botschaft Haggais, in der Serubbabel als Typus des kommenden Friedensfürsten betrachtet wird, der bei Seinem Erscheinen das Strafgericht über die Nationen ausüben wird (Hag 2, 20–23).

3. Besonderheiten

a) Die sieben Fragen Gottes

In diesem Buch richtet Gott sieben Fragen an das Volk, um seinen Herzenszustand zu prüfen und um es zur Umkehr, zur Erweckung zu führen.

Diese sieben Fragen Gottes stehen in den folgenden Versen: Haggai 1,4.9; 2,3 (zweimal).12.13.19.

b) Der fünfmalige Herzensappell Gottes

Fünfmal in diesem Buch appelliert Gott an die Juden, aufzumerken. Wörtlich heißt es: „sein Herz auf etwas richten", denn in dem Herzen des Menschen werden die Entscheidungen gefällt. Diese fünf Stellen sind: Haggai 1,5.7; 2,15.18.19.

4. Inhaltsübersicht

I. Haggai: 1,1–15:	*Erste Botschaft:* *Ermahnung zum Bau des Hauses Gottes*
II. Haggai: 2,1–9:	*Zweite Botschaft:* *Ermunterung beim Tempelbau*
III. Haggai: 2,10–19:	*Dritte Botschaft:* *Ermahnung zur Heiligkeit*
IV. Haggai: 2,20–23:	*Vierte Botschaft:* *Ermunterung durch den Blick* *in die Zukunft*

Der Prophet Sacharja

14 Kapitel

1. Verfasser und Entstehungszeit

Sacharja, dessen Name die Bedeutung hat: „Jehova gedenkt“, war als zweiter der nachexilischen Propheten ein Zeitgenosse des Haggai und weissagte gleichzeitig mit diesem (siehe Esra 5, 1; 6, 14).

Es wird allgemein angenommen, daß der Prophet Sacharja identisch ist mit der in Nehemia 12, 16 erwähnten Person gleichen Namens; demnach war Sacharja wie Jeremia und Hesekiel Prophet und Priester zugleich. Aus Sacharja 2, 4 geht ferner hervor, daß er schon als junger Mann seinen Prophetendienst begann.

Die erste Weissagung Sacharjas (Sach 1, 1) geschah zwei Monate nach Haggais erster Botschaft im zweiten Jahre des Perserkönigs Darius I. (522–485 v. Chr.), das heißt im Jahre 521/20 v. Chr. Eine weitere Datumsangabe findet sich in Sacharja 7, 1: hier ist es das vierte Jahr des Königs Darius (519/18 v. Chr.). Den zweiten, undatierten Teil seines Buches (Kap. 9–14) schrieb Sacharja wohl erst um 480 v. Chr. Wahrscheinlich wurde er dann von seinen eigenen Landsleuten getötet (siehe Abschn. 3: „Besonderheiten“).

Die Kritiker lassen den ersten Teil des Buches Sacharja (Kap. 1–8) relativ ungeschoren. Der zweite Teil (Kap. 9–14) ist jedoch das Ziel mancher Angriffe. Die Kritiker sind sich untereinander jedoch uneinig. Gerade der zweite, messianische Teil Sacharjas wird aber in den Evangelien besonders häufig in Verbindung mit dem Herrn Jesus zitiert:

Sacharja 9, 9	in Matthäus 21, 4–5; Johannes 12, 15
Sacharja 11, 13	in Matthäus 27, 9–10
Sacharja 12, 10	in Johannes 19, 37
Sacharja 13, 7	in Matthäus 26, 31; Markus 14, 27

2. Zweck der Niederschrift

Obwohl Sacharja zur gleichen Zeit wie Haggai im Auftrage Gottes zu dem jüdischen Überrest sprach, war seine Botschaft eine ganz andere. Während Haggai das Volk vor allem tadelte, weil dessen Eifer für den Bau des Tempels erlahmt war, spricht Sacharja mehr von der Stadt Jerusalem. Darüber hinaus gibt er als einziger nachexilischer Prophet einen ausführlichen Überblick über die Geschichte des Volkes Gottes und die Nationen, die mit Jerusalem in Beziehung stehen. Er beschreibt die Verwerfung des Messias durch Sein irdisches Volk Israel, dessen Buße und Anerkennung des Messias, der zur Aufrichtung Seines Friedensreiches erscheint. Hierin kommt Sacharja dem Propheten Daniel sehr nahe. Auch mit Jesaja, dem „Evangelisten unter den Propheten", hat man Sacharja verglichen. Der Grundton seiner Botschaft ist Gottes unwandelbare Liebe und Seine Fürsorge für Sein irdisches Volk, das Er vor allen Gefahren von seiten der Weltmächte bewahren wird für Sein Reich auf dieser Erde.

3. Besonderheiten

a) Sacharjas Tod

In Matthäus 23, 35 sagt der Herr Jesus: „Damit über euch komme alles gerechte Blut, das auf der Erde vergossen wurde, von dem Blute Abels, des Gerechten, bis zu dem Blute Zacharias', des Sohnes Barachias', den ihr zwischen dem Tempel und dem Altar ermordet habt". Zacharias und Barachias sind die griechischen Formen der hebräischen Namen Sacharja (oder: Sekarja) und Berekja. Seit alters her hat man diesen Zacharias mit 2. Chronika 24, 20–21 in Verbindung gebracht, obwohl der dort erwähnte Sekarja „Sohn Jojadas" genannt wird. Der Grund für diese Annahme liegt wohl darin, daß in der hebräischen Bibel die Bücher der Chronika ganz am Schluß stehen. Abel wäre dann eine Person aus dem ersten und Zacharias eine aus dem letzten Buch des AT. Naheliegender ist es jedoch, an den Propheten Sacharja zu denken, denn erstens verschwindet dann das Problem des Namens seines Vaters, und zweitens lebte Sacharja, der

Prophet, zeitlich am Schluß der alttestamentlichen Periode. – Weitere Beispiele für Tatsachen aus der Zeit des AT, die erst im NT mitgeteilt werden, sind die Namen der ägyptischen Zauberer Jannes und Jambres (2. Tim 3, 8) und die Weissagung Henochs (Jud 14).

b) Sacharja und Jeremia

Die Tatsache, daß in Matthäus 27, 9 ein Zitat aus Sacharja 11, 12–13 dem Propheten Jeremia zugeschrieben wird, bietet Bibellesern manchmal eine Schwierigkeit. Ein Vergleich der beiden Stellen zeigt, daß Sacharja nichts vom Kauf eines Feldes schreibt, während Matthäus gerade den Kauf des Ackers des Töpfers erklären will. In Jeremia 32, 6–7 wird jedoch der Kauf eines Feldes beschrieben. Offenbar verknüpft Matthäus hier den Gedanken an den Kauf eines Feldes in Jeremia 32 mit den dreißig Silberlingen, dem Preis des Geschätzten in Sacharja 11, nennt bei diesem Doppelzitat jedoch nur das bekanntere der beiden prophetischen Bücher, nämlich Jeremia (eine ähnliche Anführung aus Maleachi und Jesaja steht in Markus 1, 2–3).

4. Inhaltsübersicht

I. Sacharja 1–8:	*Datierte Weissagungen während des Tempelbaues*
1. Kapitel 1,1–6	Einleitung und Aufruf zur Buße
2. Kapitel 1,7–6,15	Acht Nachtgesichte
Kap. 1,7–17	Der Reiter zwischen den Myrten
Kap. 1,18–21	Die vier Hörner und die vier Werkleute
Kap. 2,1–13	Der Mann mit der Meßschnur
Kap. 3,1–10	Der Hohepriester Josua vor dem Engel Jehovas
Kap. 4,1–14	Der Leuchter und die zwei Ölbäume
Kap. 5,1–4	Die fliegende Fluchrolle
Kap. 5,5–11	Das Weib im Epha
Kap. 6,1–8	Die vier Wagen zwischen den Bergen
Kapitel 6,9–15	Anhang: Die Krönung des Hohenpriesters Josua

3. Kapitel 7,1–8,23	Die Anfrage wegen der Fastentage
II. Sacharja 9–14:	*Undatierte Weissagungen nach dem Tempelbau*
1. Kapitel 9,1 – 11,17	Erster Ausspruch: das erste Kommen und die Verwerfung des Messias
Kap. 9,1–17	Das Gericht der Feinde und das Kommen des Königs
Kap. 10,1–12	Die Sammlung der Herde
Kap. 11,1–17	Die Herde und ihre Hirten
2. Kapitel 12,1 – 14,21	Zweiter Ausspruch: das zweite Kommen und die Annahme des Messias
Kap. 12,1 – 13,6	Der Endsieg Israels
Kap. 13,7–14,21	Der Endsieg des Königs

Der Prophet Maleachi

4 Kapitel

1. Verfasser und Entstehungszeit

Der Name des Schreibers des letzten Buches des AT, Maleachi, bedeutet: „mein Bote“; vielleicht ist er eine Abkürzung des Namens Maleachi, was „Bote Jehovas“ bedeutet. Manche halten „Malachja“ nicht für einen Eigennamen, sondern für eine Bezeichnung; das gleiche hebräische Wort *mal'achi* wird in Kapitel 1,1 durch „Maleachi“ und in Kapitel 3, 1 durch „mein Bote“ übersetzt. Persönliche Einzelheiten sind uns von Maleachi nicht bekannt.

Maleachi ist der letzte der drei nachexilischen Propheten. Über den Zeitpunkt und die Dauer seines Dienstes macht er keinerlei Angaben. Aus dem Buch Maleachi ist jedoch zu entnehmen, daß der Tempel zu Jerusalem wieder aufgebaut ist und die Priester wieder den Opferdienst versehen (Mal 1, 6–14). Ein Statthalter (des Perserkönigs) regiert über das Land (Mal 1, 8). Der traurige Zustand des Volkes ähnelt der Beschreibung in Nehemia 13.

Aus diesen Tatsachen ist zu schließen, daß Maleachi ungefähr zur Zeit Nehemias lebte. Während einige Forscher die Wirkungsperiode Maleachis vor Nehemia legen wollen, glauben andere, daß er weissagte, während Nehemia von Jerusalem wieder an den persischen Königshof zurückgekehrt war (siehe Neh 13, 6–7) oder sogar nach der Zeit Nehemias. In jedem Fall handelt es sich um die zweite Hälfte des 5. Jhs. v. Chr. (wahrscheinlich ca. 450–425 v. Chr.).

Auf diese letzte Botschaft des AT durch den Propheten Maleachi folgen die „400 Jahre des Schweigens“, in denen Gott nicht zu Seinem Volk sprach, bis dann Johannes der Täufer auftrat, um den Weg des Herrn zu bereiten (vgl. Mal 3, 1 und Mk 1, 2).

2. Zweck der Niederschrift

Die letzte Botschaft Gottes an Sein irdisches Volk Israel richtet sich an den aus der Babylonischen Gefangenschaft zurückgekehrten Überrest dieses Volkes. Dieser hatte in den Jahrzehnten nach seiner Rückkehr in seinem Zeugnis für Gott völlig versagt Zwar dienten die Juden jetzt nicht mehr den Götzen, wie vor dem Exil, aber ihr moralischer Zustand war von Gleichgültigkeit, Verachtung Gottes und Unglauben gekennzeichnet.

In dieser Situation bekundet Jehova Seine unwandelbare Liebe zu dem Volk und stellt ihm sehr ernst seine Sünden und sein Abweichen von Seinen Geboten vor (Mal 1–2). Aber Gott kündigt den Juden auch an, daß schwere Strafgerichte über sie kommen würden, bevor der Tag Jehovas mit vollem Segen für die Bußfertigen anbrechen wird (Mal 3–4). – Wie um zu unterstreichen, daß dies die letzte Botschaft Gottes ist, heißt es 25mal in diesem Buch: „(So) spricht Jehova“.

3. Besonderheiten

a) Die acht Fragen des Volkes

Der böse Zustand des Volkes der Juden kommt deutlich in ihren acht Fragen zum Ausdruck, die Maleachi erwähnt, und auf die er jeweils Gottes Antwort gibt. Sie lauten:

1. „Worin hast du uns geliebt?“ (Kap. 1, 2)
2. „Womit haben wir deinen Namen verachtet?“ (Kap. 1, 6)
3. „Womit haben wir dich verunreinigt?“ (Kap. 1, 7)
4. „Warum?“ (Kap. 2, 14)
5. „Womit haben wir ihn ermüdet?“ (Kap. 2, 17)
6. „Worin sollen wir umkehren?“ (Kap. 3, 7)
7. „Worin haben wir dich beraubt?“ (Kap. 3, 8)
8. „Was haben wir miteinander wider dich beredet (Kap. 3, 18)

Jede dieser acht Fragen beginnt mit den Worten: „Ihr sprechet“. Noch weitere viermal kommen diese Worte: „Ihr sprechet/saget“

vor, und zwar in Kapitel 1, 7. 12. 13; 3, 14. Alle diese Äußerungen zeigen die ganze Bosheit und Frechheit des Volkes gegenüber seinem Gott.

b) Der Bote Jehovas

In Maleachi 3, 1 kündigt Jehova Seinen Boten an, der vor Ihm her den Weg bereiten soll. In Matthäus 11, 10 und Markus 1, 2 wird diese Ankündigung auf Johannes den Täufer, den Vorläufer des Messias, bezogen. Er verkündigte das erste Kommen Christi in Gnade.

Aber in Maleachi 4, 5 sagt Gott, daß auch Elia vor dem Kommen Christi gesandt werden würde. Der Herr selbst bezieht auch diese Weissagung auf Johannes den Täufer (Mt 11, 14; vgl. Lk 1, 17), während Johannes sagt, daß er nicht Elia sei (Joh 1, 21). Dieser scheinbare Widerspruch löst sich dadurch, daß die Ablehnung und Verwerfung Christi Seine zweite Erscheinung in Herrlichkeit zum Gericht zur Folge hat. Bevor also dieser „Tag Jehovas, der große und furchtbare" kommt, wird Elia erscheinen und das zweite Kommen Christi zum Gericht ankündigen (vgl. Off 11, 3–6).

4. Inhaltsübersicht

I. Maleachi 1,1–5	*Einleitung: Jehovas Liebe zu Israel*
II. Maleachi 1,6 – 2,16:	*Jehovas Tadel*
Kapitel 1,6–14	Die unheiligen Opfer
Kapitel 2,1–9	Das unheilige Verhalten der Priester
Kapitel 2,10–16	Das unheilige Verhalten des Volkes
III. Maleachi 2,17 – 4,3:	*Jehovas Mahnung*
Kapitel 2,17 – 3,6	Das kommende Gericht
Kapitel 3,7–15	Der Ruf zur Buße
Kapitel 3,16 – 4,3	Der Tag Jehovas
IV. Maleachi 4,4–6	*Schluß: Mose und Elia*

Stichwortverzeichnis

(Es enthält nur die wichtigeren Stichworte)

Apokryphen 10, 99
Aramäisch 100
Assyrien . . . . 188, 197f.
Assyrische Gefangenschaft 90, 192
Athanasius 13

Babylonische Gefangenschaft . . . 87, 90, 94, 96, 99, 100f., 146,
. . . . 153, 155f., 163, 192, 207, 215
Bibelkritik . . . . 62f., 144f., 169f.
Bomberg, D. 79, 86
Bundeslade 51, 82

Christus 77, 81, 118, 138, 140, 149, 161f., 169, 190
Chronologie 31ff.,48, 74, 89, 103, 142
Cyrus s. Kores

David 80, 87, 116, 124, 186
Dichtkunst . . . . 120 f., 129, 147, 161, 197

Edom . . . . 185f.
Elephantine 106
Erlöser 77, 114, 149

Gebet 81, 106
Gilgal 69
Gottesnamen 40, 119f., 129, 133, 134f., 148, 171

Heil . . . . 148f.
Herrlichkeit Gottes 166
Hesekiel 163ff., 169
Hiskia 86, 88f., 96, 128, 136, 168, 175

Inspiration . . . . 15 ff., 26ff., 133, 155, 192

Jeremia . . . . 86, 152 ff., 160, 192, 205, 212
Jerusalem . . . . 64, 80, 87, 105 f., 211, 214
Jesaja 86, 144ff., 175, 194

Jesus s. Christus
Jordan 63, 67
Juda 87, 87f., 183

Kanaaniter 67
Kanon 12f.,
Königtum 80, 95
Kores (Cyrus) 96, 100, 103, 145, 169

Leviten 57
Löser .... 76ff.

Makkabäer 170, 186
Messias 140, 149, 172, 208, 211
Moabiterstein 85, 88

Nasiräer 59
Ninive 188f., 196, 197ff., 203

Opfer .... 53f.

Priester 52, 94
Prophet 80, 88, 102, 145
Prophetie 118, 141, 149, 157, 172, 194, 205, 212
Pseudepigraphen 10, 99
Purimfest 109

Qumran 143, 146, 202

Salomo 87, 90, 116, 127, 132, 136
Samariter 90
Samuel .... 72, 79f.
Satan 114
Saul .... 80f.
Septuaginta 7, 10, 79, 86, 99, 156
Stiftshütte 47f., 51
Synode 13

Tag Jehovas 179, 180f., 204f., 216
Talmud 86
Tausendjähr. Reich 164, 183, 186, 205

Tempel 82, 95f., 156, 165, 166, 207ff., 214
Teufel 114
Toledoth . . . . 40f.
Typologie 48, 53f., 81, 109, 138, 190

Vorbilder 48, 53f., 67, 81, 109, 138, 190
Vulgata 99

Weltreiche, Die vier . . . . 170, 173f.
Widersacher 114
Wunder . . . . 68, 190f.
Wüstenwanderung Israels 57, 58f., 74

Zahlen 73
Zitate . . . . 63, 64, 145, 165, 177, 182, 201f.